三井住友トラスト・
資産のミフイ研究所 所長

丸岡 知夫 著

今までの常識は
これからの非常識？

「金利がある世界」の
住まい、ローン、
そして
資産形成

一般社団法人 **金融財政事情研究会**

刊行によせて

　2016年を境として「人生100年時代」という言葉が広がり始め、今では生活のなかで普段遣いされるようになってきました。

　人生が長くなることは、人類にとって古代からの宿願の１つであり、大変喜ばしいことに違いありませんが、「生きる」時間が長くなるにつれて、生きていくための「衣・食・住」にかかる費用もそれに比例して大きくなってきています。

　平成時代は「デフレ（物価が下がった）の20年」といわれました。ところが住宅価格はこの間、高騰を続け、足元の首都圏新築分譲マンション価格は1980年代のバブル期水準を更新してきています。また、コロナ禍の終息後、世界経済が活性化してきており、日本も長らく続いたゼロ金利時代の終焉を迎えるとともに「金利がある世界」へ移行しつつあります。

　また、「老後2000万円問題」に代表されるように、待ったなしの社会課題である老後に向けた資産形成に注目と関心が寄せられています。人生最大のイベントの１つである住宅購入や住宅ローンにおいても、考慮すべきポイントや目配りが多様かつ複雑になってきている現在、一つひとつのジャッジメントがかつてなく難しくなってきているように感じています。

　こういった環境において、「住まいの取得・住宅ローン」と「老後資金準備」を"ひとつながりのマネープラン"としてとらえ、人生設計をより豊かなものにしていく取組みが求められています。こういった考え方を、最近ではファイナンシャル・ウェルビーイング（Financial Well-being）と呼ぶことが多くなってきました。

　本書は、三井住友信託銀行の調査研究組織である「三井住友トラスト・資産のミライ研究所」が中心となり、「人生100年時代」「金利がある世界の到来」という２つの視点を軸に、安心できるミライに向けて「住まい、住宅

i

ローン、資産形成」をどう考え、どう行動していけばよいのかを、できる限り「自分ごと」としてとらえていただけるようにまとめたものです。

　三井住友トラスト・グループは、人生100年時代にあってお客様を支えるベストパートナーでありたいと願っています。

　安心できるミライに向けてライフプランを検討されている方々にとって、本書が少しでもお役に立てるようであれば誠に幸いです。

2024年6月

三井住友信託銀行株式会社

常務執行役員　　**高橋　宜久**

はじめに

　近年、住宅価格の上昇を背景として住宅ローン借入額が大幅に増加しています。「頭金を準備してから家は買うものだ」「家計の剰余は繰り上げ返済の原資に回すものだ」といった、かつての「家計における常識（セオリー）」も様変わりしてきました。ローンの返済期間は長期化し35年ローンがデフォルトとなっていますし、ペアローンの活用や相続を念頭に置いた住宅購入などへの取組みも広がってきています。

　一方で、人生100年時代へ世界最速で近づいている日本において、老後に向けた自助による資産形成はますます必要となってきており、住宅を「住処（すみか）」としてだけでなく、「資産」として活用していく視点も重要になっています。

　日本の個人の保有している資産はおよそ3,000兆円（不動産で約1,000兆円、預金や有価証券などの金融資産で約2,000兆円）ですが、不動産の大部分は自宅不動産が占めています。古くから「人の生活は衣・食・住で成り立つ」といわれてきました。大きくは「生活の費用（衣・食）」と「住まいの費用（住）」の2つにまとめられますが、本書は、この2つについて、平成から令和の時間軸のなかでどんな変化があったのか、また、今後、人生100年時代を迎える日本において、どんな準備をすればよいのか、を「住まい」に軸足を置きながら考えてみたものです。

　三井住友トラスト・資産のミライ研究所（以降、ミライ研）では、住まいや住宅ローン、資産形成に関する全国1万人アンケートを2020年より2024年まで毎年実施し、客観的な分析結果を持っています。本書では、このミライ研の調査・研究データなどを踏まえながら、住宅購入や住宅ローンの「過去の常識」が大きく変わってきていることや、資産形成の観点からも住まい選びを考えなければならない現実について説明しています。また、物価動向も

インフレ基調へと転じ、「金利がある世界」へと環境が大きく変化していこうとしているなか、「スマートに（賢く）住宅ローンを活用していくためのアドバイス」を盛り込んでいます。

　この本をまとめながら、常に意識したのは「住宅ローン返済中である我が家の家計」であり、50代である自分にとっても切実な問題だ、との思いです。本書の副題が「今までの常識はこれからの非常識？」となっているのも、まずは自分のこれまでの常識を点検し、アップデートする意味を込めてです。読者のみなさんと同じ舟に乗っているメンバーの1人として、「今、目の前にある課題と今後現れてくる課題」に向き合っていきたいと思っています。

　本書を読み終えたあとに、「これが我が家にとって最適な住まい、住宅ローンだ」という気持ちが芽生えていただけましたらとても嬉しく思います。

　なお、本書では、三井住友トラスト・資産のミライ研究所が行ったアンケート調査の結果を多く引用しています。その結果に対する見方や考察は著者のものであり、三井住友信託銀行の見解ではないことを記させていただきます。

2024年6月

丸岡　知夫

目　次

Chapter 1　住まいは買うべきか、借りるべきか？

Chapter 2　スマートな（賢明な）住宅ローンの選び方とは？

Chapter 3　「住宅ローンの常識」が変わる？ どう変わる？

住まいは買うべきか、
借りるべきか？

1 「平成」の間に重みを増した"住まい購入"の比重

▶ 首都圏で「持ち家」は高嶺の花か？

　不動産経済研究所によると首都圏の新築マンション価格は2021年、22年と2年連続でバブル期（1990年）を上回り過去最高となりました。平均価格は22年が6,288万円と1990年を約3％上回っています。

　住まいの価格高騰は首都圏以外の地域にも広がってきています。株式会社東京カンテイによると、1戸1億円を超す「億ション」は2022年時点で東京都、大阪府、愛知県の合計で2,959戸、それ以外の道府県でも452戸あります。中古マンションの価格も2022年の首都圏平均は4,716万円となっていて、2年連続で前年比10％超の値上がりとなっています。

　価格面だけでは実態は掴めませんので、マンションの供給戸数もみてみます。不動産経済研究所の調べでは、2022年の全国新築供給は約7.3万戸と1990年比でほぼ半減しています。さらに立地の内訳をみると、東京23区など都心の割合が上昇しています。地方の億ションも大半は中核都市に限られています。全体の供給が減り、もともと高価格の都心の立地比率が高まれば当然、平均価格も上がることになります。

　また、住宅金融支援機構の調査によると、2021年度のマンションの面積は平均で新築が64.7平方メートル、中古が68.2平方メートルでした。10年前に比べ新築は10％、中古は5％狭くなっています。原材料費の高騰もあり、不動産販売業者の間では「資材の品質を落とす動きも目につく」との声も聞かれます。価格を抑えるための調整の面もありますが、子育て世帯にとって「広い我が家」は「高嶺の花」になりつつあるのかもしれません。

▶ 注文・建売・マンションは「いずこも同じ秋の夕暮れ」？

　では、こういった価格の高騰はマンションだけなのでしょうか。【図表1

図表 1-1	住宅購入費用		
	土地付注文住宅	建売住宅	マンション
全　国	約4,456万円	約3,605万円	約4,529万円
首都圏	約5,133万円	約4,133万円	約4,913万円
近畿圏	約4,659万円	約3,578万円	約4,478万円
東海圏	約4,379万円	約3,139万円	約4,262万円

（注）　土地付注文住宅の購入費用は、建設費と土地取得費を合わせた金額。
（出所）　住宅金融支援機構「2021年度 フラット35利用者調査」をもとに三井住友トラスト・
　　　　資産のミライ研究所作成

－1】は、平均的な住宅購入費用について、住宅金融支援機構の2021年の
調べをまとめたものです。もともと住宅購入費用は首都圏が突出して高かっ
たのですが、他のエリアでもここ数年、高騰してきており、その結果、全国
平均で注文・建売・マンションの購入費用の水準は3,500万～4,500万円
程度になってきています。

　一方、国税庁が2023年に発表した「令和4年分 民間給与実態統計調査」
によると、日本の給与所得者の平均年収は約458万円でしたので、住まいの
購入費用は年収比で「8～10倍」になってきています。「値段が高くなっ
た」という点でいえば、注文・建売・マンションといった形態にかかわら
ず、「いずこも同じ」という想いを抱かれる方が多いと思います。

▶ 住宅価格と家計所得からみた「平成」という時代
　では、住宅価格はいきなり高騰したのでしょうか。また、買い手である個
人の「家計所得」の推移（いわゆる懐具合）も気になるところです。おおよ

図表 1-2	平成年間の「世帯平均所得」と「新築分譲マンション価格」の推移

	2000年	2012年	2018年
1世帯あたりの平均所得年額 (注1)	616.9万円	537.2万円	552.3万円

	2000年	2012年	2018年
首都圏における新築分譲マンションの1戸あたり平均価格 (注2)	4,034万円	4,540万円	5,871万円

（注1）　厚生労働省公表の「国民生活基礎調査」のうち大規模調査年度のデータ。
（注2）　㈱不動産経済研究所発表の首都圏における新築分譲マンションの1戸あたり平均価格。なお、首都圏の範囲は東京都、神奈川県、埼玉県、千葉県の1都3県。
（出所）　注記の公表データをもとに三井住友トラスト・資産のミライ研究所が作成

　そ30年間の平成時代における「世帯所得」と「住宅価格の動向」を約10年ピッチで眺めてみたのが【図表1－2】です。ここでは、住宅価格の代表選手として「首都圏における新築分譲マンションの1戸あたり平均価格」に登場いただきましょう。

　1世帯あたりの平均所得（年額）をみると2000年は616.9万円でしたが2018年は552.3万円と、金額で64.6万円、比率で約1割減少しています。一方、首都圏の新築分譲マンションの1戸あたり平均価格は、2000年に4,034万円だったものが、2018年は5,871万円と1,837万円も上昇しており、2000年比で1.46倍になっています。

　この期間において、世の中の物価全体が上昇しているのであれば、その影響だと考えられるのですが、消費者物価の平成年間の動きをみると、消費者物価の上昇率は1998年から2013年の15年間のうち10年間はマイナスでし

4

た。全国消費者物価指数（1998年＝100）は2013年に96.53まで低下します。2013年３月、日本銀行の総裁に黒田東彦さんが就任し「超異次元金融緩和」をスタートさせたことを受け、2014年に2.7％の急上昇をみせましたが、その後はおおよそ0.3〜0.8％程度の上昇で推移してきました。

　こういった推移を比較してみると、「平成」は、世帯所得は伸びなかったものの、消費者物価が安定していたことで家計の逼迫感は緩和されていた時代だったといえます。

　しかし、そんななかで、住宅価格は継続して上昇しています。これは家計に対して、どんな影響を及ぼしているのでしょうか？

▶ 高くなる住宅価格への対抗策は？

　平成時代の「住まいの購入」に関する状況を一言でまとめるとすれば、「住宅価格はうなぎのぼり、さりとて所得は伸びず、ローン膨らむ」でしょうか。

　住宅価格は上昇しているのに、買い手の懐具合は変わらず（もしくは寂しくなっている）とすれば、「住まいの購入」が家計のライフイベントのなかにおいて、より大きな比重を占めてきていることになります。

　家計にとって「住まい購入」の比重が大きくなってくると、通常であれば、買い手が高額物件に手を出しにくくなるので、販売が鈍化し価格も適正化に転じる、という流れになります。

　しかし、平成時代の日本においては、景気後退とデフレの長期化といった環境のもとで、歴史的な低金利水準（ゼロ金利水準）の継続や、経済対策としての住宅ローン控除（住宅ローン減税）が拡充されたことによって、通常は並び立たないはずの「住宅価格の上昇」と「住宅購入力の維持」が並立したと考えられます。

　住まいの購入時には住宅ローンを組むことが一般的ですが、ローンの頭金は、現状、「ゼロもしくは１割」が主流となっています。また、若い世代で

はペアローン（共働き世帯で夫婦2人ともローンを設定する借り方）の活用が増加中です。こういった行動は、「伸びない所得」のなかでの「住宅価格の高騰への対抗策」としてとらえることもできそうです。

　住宅価格については、世界的なインフレと円安を背景とした原材料費の高騰や、国家的な賃上げ促進による人件費・建築費の上昇などにより、新築物件価格の高止まりが予想されています。

　一方、ゼロ金利政策が解除されたことから、今後、国内経済におけるインフレや金利の上昇などが想定されるなかで、30～40歳代の「住まいの検討世代」は、「人生初めてのインフレ」や「人生初めての金利のある世界」を体験することになるでしょう。平成時代であれば「家を買いたくなったら（買える状況になったら）ローンを組んで買っておけばよい」というスタンスでも大きな問題はありませんでした。しかし、現在、住宅価格の上昇や金利の先高感など、取り巻く環境が複雑化してきているなかで、従前よりも「家の購入に踏み切れない」という悩みを抱えている世帯も増えてきているように思います。

　こういった状況において、家計の長期的なプランを考えてみたことのある方であれば、「住宅を購入する（持ち家派）」か、「賃貸に住み続ける（賃貸派）」か、で悩んだ経験のない人のほうが少ないのではないでしょうか。

　特にパートナーと一緒に暮らす、子どもが生まれる、など家族が増える際には「住まいはどうする？」「持ち家派か、賃貸派か」という問題が立ち現れてきます。この選択次第では、今後の家計のやり繰りにも大きな影響を及ぼしますので、軽々しく「あなたに任せたわ！」とはいえない問題です。

　では、持ち家と賃貸の特徴を踏まえたうえで、住宅を選ぶ際のポイントを押さえていくことにしましょう。

2 住まいの命題：「持ち家」と「賃貸」、果たしてどちらが得なのか？

　最近、金融機関の窓口へ「家を買うべきか、買わないほうがよいのか決め切れない」といった相談がよく寄せられています。例えば、首都圏に住む30代の世帯からの相談例をみてみましょう。

　こちらの家族構成は、片働きで公務員の方とそのパートナーと子ども2人です。2LDKの賃貸アパートに10年以上住んでいて、今年春に次女が小学校に入学したのを機に住まいの購入を検討したが、踏み切れなかった、とのことです。何が原因で「踏み切れなかった」のかを伺ってみると、

　　・子どもの今後の進学先によっては引越しをする可能性があること
　　・また、住宅価格の高騰により、今の住まいと同程度の間取りの物件なのに多額の住宅ローンを組む必要があること

などが躊躇、逡巡した要因だとのこと。

　この家族の「何を目安に判断したらよいのだろうか」という悩みに共感する方も多いのではないかと思います。

▶ 毎年の支出額に違い「アリ」

　判断の目安として、多くの方は「費用」に着目します。それでは、購入と賃貸でそれぞれの費用総額はどれくらいになるのでしょうか。

　三井住友トラスト・資産のミライ研究所（以後、ミライ研）が、首都圏在住で子どもありの30代夫婦を前提において、持ち家と賃貸で50年間にかかる費用を試算したところ、結果は、持ち家は概算で8,310万円、賃貸は8,235万円となり、その差額は75万円となりました。

　賃貸の試算において、インフレや家賃の高騰などは想定に含めていません。ファミリー用ということで、都内3LDKの賃貸マンション（家賃15万円）を1年目から30年間賃借し、31年目から20年間は、子どもが独立した

図表 1-3	賃貸のケース：都内 賃貸マンション 住宅費用見込み額（50年間）		
入居期間	1年目〜30年目	31年目〜50年目	合 計
家賃（月額）	15万円	10万円	−
家賃（期間総額）	5,400万円	2,400万円	7,800万円
入居費（3ヶ月分）	45万円	30万円	75万円
更新費（2年ごとに1ヶ月分）	210万円	90万円	300万円
引越費用（入居時）	30万円	30万円	60万円
小 計	5,685万円	2,550万円	**8,235万円**

（出所） 三井住友トラスト・資産のミライ研究所作成

　ことを契機に都内2LDKの賃貸マンション（家賃10万円）に引越すものとしています。80代までの50年間に要する大まかな住居費として、約8,235万円と見込みました（【図表1−3】）。

　持ち家の試算では、首都圏に土地付戸建て住宅（物件価格5,100万円。住宅金融支援機構「2021年度 フラット35利用者調査」を参考に設定）を購入し、頭金は物件価格の2割（1,020万円）、住宅ローンの借入額は4,080万円としています。

　ローンの返済額に関しては、返済期間や適用する金利水準・金利タイプ（固定か変動かなど）によって総返済額に大きな差が出てきますので、賃貸派と比較するために、金利（固定）2％、返済期間35年のケースを前提とし、さらに「購入時の頭金、諸費用、毎年の税金納付額、修繕費用（外壁塗り替え、躯体防蟻など）、シニア期のリフォーム費用」などを足元の平均的な水準

持ち家のケース：物件価格 5,100万円
住宅費用見込み額（50年間）―ローン金利 2 ％、期間35年

費用項目	金額（概算）
頭金（物件価格の20％）	1,020万円
諸費用（物件価格の 5 ％）	255万円
住宅ローンの総返済額	5,670万円
固定資産税（概算）	765万円
修繕費用・リフォーム費用	600万円
合　　計	**8,310万円**

（出所）三井住友トラスト・資産のミライ研究所作成

で見込み、足し上げた結果、8,310万円となりました（【図表 1 － 4 】）。

　上記の前提をもとに試算の結果をみてみると、家の広さや住む地域が同じといった条件なら、持ち家と賃貸で総費用は大きく変わりにくいということがいえそうです。また、金額の水準に差はあるものの、首都圏以外の都市部でもこういった試算結果は当てはまるものと考えられます。

　試算をみるうえでの注意点としては、持ち家の試算では、制度変更が多い住宅ローン減税を織り込んでいないので、現状のローン減税の規模が今後長期間続くとすると持ち家の費用総額のほうが安くなります。逆に、600万円と見込んでいる修繕費は、持ち家の将来の状態などによってはさらに上積みされることもありえます。

　このように比較してみると、持ち家と賃貸の損得関係は少しの変化で逆転することがわかります。ミライ研では、どちらが得かは試算の要点ではなく、むしろ、住宅費用には様々な「変数」があることを確認できることがこ

の試算のポイントだと考えています。

50年という期間でみると、それぞれの費用は多様な変数が影響して上下します。例えば、ローン金利です。試算では年2％としていますが、バブル期（1980年代後半から1990年代前半）は年7％の水準でした。足元でも、日本銀行の取組み方針が変わったことを受け、2023年初から一部で金利が上昇しました。

▶ 重要なのは支出のタイミング

住宅ローンで住まいを購入する場合は、ローン金利がわずかに動くだけで、50年間の総負担額は数百万円も上下しますので、費用総額は「大枠」としてとらえておいて、むしろ、それぞれの費用の支出タイミングにこそ関心を払うべきではないかと考えています。

50年間の支出の推移をみると、持ち家と賃貸で明らかに違いが出ているところがあります。持ち家は、住宅を購入するとき自己資金（頭金）や購入に伴う諸費用の出費がかさむこと、築年数を経ると60歳以降など高齢期に一定規模の修繕費が必要になりやすいことがあげられます。

一方、賃貸では契約更新費で小幅な変動はあるものの、ほぼ定額の支出が続くことが特徴です（【図表1－5】）。

▶ 賃貸は生活の変化に対応しやすい

費用以外の違いも確認しておくのがよいでしょう。まず住宅の設備・仕様面では、持ち家が賃貸に比べ充実していることが多いといわれています。対面式キッチンで子どもを見守りながら家事ができる、各部屋の収納スペースが広い、といった点があげられます。暮らしやすさでは持ち家に優位性があるという見方も少なくありません。

家族構成の変化があっても、持ち家は間取りの変更といったリフォームで対応することが可能ですが、賃貸は一般に自由にリフォームをすることは難

図表 1-5	持ち家と賃貸の生涯住居費用（比較・イメージ）

持ち家	
ローン返済額	5,670万円
頭金・購入時諸費用	1,275万円
固定資産税	765万円
修繕費	600万円
総額	8,310万円

賃貸住宅	
家賃	7,800万円
更新料	300万円
入居費	75万円
引越し費	60万円
総額	8,235万円

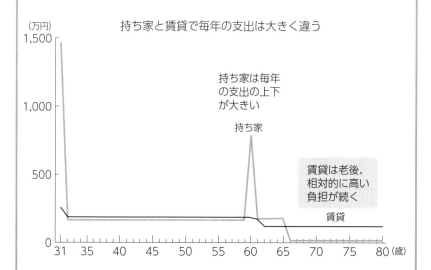

持ち家と賃貸で毎年の支出は大きく違う

持ち家は毎年
の支出の上下
が大きい

持ち家

賃貸は老後、
相対的に高い
負担が続く

賃貸

（注）　費用は概算。賃貸の家賃は当初月15万円、61歳で同10万円の物件に転居、持ち家は5,100
　　　万円の戸建て、住宅ローン金利は固定年2％などの条件で試算。
（出所）　三井住友トラスト・資産のミライ研究所試算より作成

しいといわれています。子どもが増えたときや子どもの独立で部屋が余った
ときは、引越しで適切なサイズの物件を選べるのもメリットと考えることが
できるかもしれません。

　さらに、賃貸は働き方の変化に柔軟に対応できることもメリットといえま
す。転勤や転職で勤務場所が遠隔地に変わっても転居しやすく、負担は引越
しの費用程度で済みます。持ち家は売却などに手間やコストがかかります
し、一般的に住宅ローン契約では契約者やその家族が自宅として住むことが
原則であり、契約修正や賃貸併用住宅に変更するケースを除けば、転貸する
と契約違反になります。こういった点が転勤の際に単身赴任になりやすい一
因となっているようです。

　特に30〜40歳代の子育て世帯にとって大きいのは教育費との兼ね合いか
もしれません。子どもの進学先によっては教育費用が想定以上に膨らみかね
ないリスクがあります。賃貸住まいなら家賃の安い物件に転居して教育費用
を含めた家計全体をやり繰りすることも可能ですが、持ち家は頭金で貯蓄を
取り崩したり、ローンの返済が重かったりすると家計の財務的な余力（抵抗
力、レジリエンス）を消耗させる面があることは、指摘しておきたいと思い
ます。

　【図表1−6】で「持ち家VS賃貸」の形でそれぞれの特徴を一覧化して
みました。「これは確かにそうかも」「これは自分のイメージと合わない」な
ど、点検・吟味をしてみてください。

▶ 持ち家派と賃貸派で異なる生涯住居費フローの波形

　【図表1−5】に持ち家と賃貸の生涯住居費のフローを掲載しています
が、両者の波形の違いがポイントだと考えています。

　「賃貸派」は期間を通じて住居費フローの波高があまり変動しません。「持
ち家派」は初期の購入費用（頭金・諸費用など）や途中のメンテナンス・リ
フォームで結構、波の高低がありますが、ローン返済完了後は住居費フロー

持ち家VS賃貸　特徴比較表

持ち家派	メリット	・資産として活用できる（次世代に残せる、住替えの原資にできる、など） ・住宅性能・設備が優れている（住み心地、暮らし心地での優位性） ・自由にリフォームができる ・ローン完済後は住居費負担が軽減される ・ローン完済後は老後の住まいが確保され安心（老後生活への安心） ・不動産市況によっては資産価値が増す ・不動産やローンに関して体験を積むのでリテラシーが増えてお金のことやライフプランに強くなる
	デメリット	・初期費用が大きい ・一定以上の収入がないとローンが借りにくい ・ローン返済中の収入減はライフプランへの影響が大 ・税金や修繕費など物件以外の費用がかかる ・不動産市況などによって資産価値が大きく変動する ・転勤や転職の時に引越ししにくい ・取引価格が大きいので物件選びに時間と労力がかかる
賃貸派	メリット	・初期費用が少なくてすむ ・収入の少ない人や正社員でなくても住む場所が確保できる ・転勤や転職、ライフスタイルに合わせて転居しやすい（自由度、変化への柔軟な対応） ・家賃以外のお金（修繕費など）があまりかからない ・家族が増えたときなどに対応しやすい
	デメリット	・借りるときに保証人が必要 ・老後も家賃を払い続けなくてはならない ・仕様によっては住宅性能・設備が劣ることがある（住み心地、暮らし心地での劣後感） ・自由にリフォームできない ・ファミリータイプの手頃な物件が少ない ・高齢の場合、賃貸契約が結べないことがある（老後生活への不安）

（出所）　三井住友トラスト・資産のミライ研究所作成

として税金・管理費などが中心となるので、負担が減少し変動も小さくなります。

　ここで、「人生100年時代」の視点から考えると、「長寿化」の影響がより明確に出てくるのは「賃貸派」といえそうです。「生きている限り、家賃の支払いが続くので、長寿化により家賃支払期間も長くなる」という影響です。

　とはいえ、「賃貸派」は住居費フローの変動があまり大きくないので、ライフプランの変更に合わせた住み替えなどが行いやすく、大きな意味での「人生の選択肢」を将来に残しておくこともできます。

　「持ち家派」は、「（土地・家屋という）不動産」を保有することで「老後の住み場所」を確保できることから、「老後生活期における住居費フローを小さくするための備え」と考えることもできます。老後の住居費を「家（土地・家屋）の所有という形で担保」するのか、それとも「家賃支払原資を金融資産で準備」するのか、の違いが「持ち家派VS賃貸派」のポイントだと整理してみると、「損か得か」の議論から少し離れて、この問題が俯瞰できるように思います。

寄り道コラム①

賃貸の6割は50平方メートルに届いていない?!

　持ち家と賃貸の違いとして「住宅としての広さ」が指摘されることがあります。

▶ 持ち家と賃貸を延べ面積で比較してみると？

　総務省の住宅・土地統計調査で住宅の延べ面積をみると、最新の2018年時点で持ち家は100平方メートル以上が58％となっている一方で、賃貸（借家）はワンルームなど単身者用も多く含むため、49平方メートル以下が61％を占めています。ファミリー層からの「広い賃貸物件を探すのに苦労した」という声もよ

く聞かれます。

　欧米における持ち家と賃貸の面積の差は日本ほど大きくないといわれています。しかし、日本でも、近年、全国各地で空き家を賃貸に活用する試みは増えてきており、十分な広さを備えた戸建て賃貸住宅も現れてきています。過去の常識にとらわれずに住まい選びを考えるタイミングが到来してきています。

スマートな（賢明な）
住宅ローンの選び方とは？

1 20代・30代の「住まい」への気持ちは？

▶ ライフプランセミナー後の座談会での盛り上がり

　長かったコロナ禍が終息に向かうにつれて、首都圏をはじめ各地でもライフプランセミナーやマネープランセミナー、金融リテラシー講座などが、オンライン開催に加えて対面でも開催されるようになってきました。ミライ研も若い世代から退職前後世代までの方々に対して、各種セミナーをお届けしています。

　20代・30代向けの対面セミナー終了後の参加者・講師を交えた座談会などの席では、現在、住宅の物件価格が高騰していることもあって、「住まい選び・住宅ローン」の話題で盛り上がることが多いと感じています。

　ここで、最近の座談会での会話を再現してみましょう。

▶ 再現！　ライフプランセミナー後の座談会

　セミナー終了後、参加者による座談会が始まりました。

Aさん：会社員　　僕は、昨年結婚したので、そろそろ家を購入しようと思っていますが、正直、いろいろ迷っています。家を買うならもう少し頭金を貯めてからのほうが安心なんじゃないかとも考えてます。

Bさん：自営業　　私は独身ですけど、買うか、借りるか、迷っています。そもそも家って頭金が少なくても買えるものなんでしょうか？

Cさん：不動産販売業　　今は、ローン金利が超低いので、頭金の準備が少ない若い方にも購入をお薦めしてますね。特に変動金利の利率が低いし、返済年数を長くすれば月々の負担も抑えられます。20代独身の

18

方が、頭金ゼロで2,000万円以上の物件を購入するケースもありますよ。

Bさん：**自営業**　私の友達にも独身でマンションを買った人とか、いますね。

Aさん：**会社員**　だけど、僕みたいにパートナーがいると、子どもができるまで、ちょっと待ちたい気もするんですよね。

Dさん：**会社員**　よくわかります。必要な間取りとか広さは、家族の人数が決まらないと判断つきませんよね。

Cさん：**不動産販売業**　そうですね。ただ、もしお子さんが幼稚園や学校に通うようになってから購入となると、別の地域に移るのが難しい場合も出てきますね。結局、今いる限られたエリアのなかだけで家を探すことになってしまうかもしれません。それならば子どもができる前で、なおかつ金利の安い今が、購入するのによいタイミングともいえますね。

Aさん：**会社員**　さっきの話では頭金が少なくても家は買えるということでしたが、ローンの支払いはだいたい年収の何％までに抑えるのが目安ですか？

Cさん：**不動産販売業**　ローンの支払いは年収の25〜30％未満が目安ですね。そこに収まるよう、物件価格や頭金を検討する必要があるでしょう。

▶ 人が「住まい」に求めるものは「人それぞれ」

『再現！　座談会』はいかがでしたでしょうか。

交わされている会話から参加メンバーが「住まい」に対して、それぞれ固有の関心や悩みを持っていることが窺えます。

座談会では、開始早々、「住まいを購入する動機」が話題に上っています。世の中で「住まいを購入する動機」は何が多いのでしょうか？

図表 2-1	住宅を購入した際の動機で最も大きな動機						

(%)

	回答者数	自分の住宅を「保有」することが夢だったから	結婚した／する予定だから	子どもが生まれた（増えた）／予定だから	子どもの教育環境を考えて（通学面・受験面）	親と同居することになったから	住環境（治安、緑の多さ、暮らしやすさなど）を考えて	勤務先への通勤を考えて
全年代	3,753	**15.4**	**9.4**	**8.0**	6.7	4.6	5.7	2.1
18-19歳	11	33.3	16.2	0.0	0.0	0.0	17.1	0.0
20-29歳	166	25.7	8.5	11.8	2.6	1.2	4.9	7.5
30-39歳	424	14.0	10.5	16.7	6.6	2.5	4.0	1.4
40-49歳	841	13.5	12.1	11.4	7.0	3.7	5.4	1.4
50-59歳	1,085	14.6	9.9	6.7	6.5	6.1	5.3	1.5
60-69歳	1,226	16.4	6.7	3.5	7.3	5.3	7.0	2.7

（注）　小数点以下の四捨五入の関係で合計値が100％にならない場合がある。
（出所）　三井住友トラスト・資産のミライ研究所「住まいと資産形成に関する意識と実態調査」
　　　　（2023年）

社会的な信用が得られるから	賃貸住宅より分譲・建売住宅のほうが品質がよいから	自分の思い通りの家に住みたかったから	傷や汚れを気にせず住めるから	周囲から資金援助をしてもらえるので	（購入した）自宅の値上がりに期待して	賃貸の家賃を払うなら、自分のものになったほうがよいから	収入がなくなっても住む場所に困らないように	その他	当てはまるものはない (%)
0.1	1.1	**8.6**	0.7	1.2	0.3	**18.3**	3.4	2.0	12.4
0.0	0.0	0.0	0.0	0.0	0.0	0.0	0.0	0.0	33.3
0.1	2.3	8.6	2.2	0.0	1.4	8.7	2.6	0.5	11.3
0.1	0.9	6.7	1.3	0.9	1.0	17.8	2.0	1.1	12.7
0.1	1.5	7.8	0.6	0.8	0.2	19.7	2.1	1.2	11.3
0.0	0.9	6.6	0.6	1.1	0.2	22.3	3.2	1.9	12.6
0.0	1.1	11.5	0.3	1.9	0.0	15.5	5.0	3.0	12.7

　2023年1月にミライ研では全国の20〜69歳の男女1万人を対象に「住まいと資産形成」に関する調査を実施しました。自分で現住居を購入した3,753名に「住宅を購入した最大の動機」を尋ねたところ、【図表2-1】のような結果が出ました。

　全体では、「賃貸の家賃を払うなら、自分のものになったほうがいいから」が18.3％と最も高く、次いで「自分の住宅を『保有』することが夢だったから」が15.4％となっています。「自分の思い通りの家に住みたかったから」も8.6％を占めています。「結婚」を動機とする9.4％と「子どもの出生」を動機とする8.0％を「家族が増えること」とまとめて合算すると17.4％となり、トップの「家賃を払うなら……」に肉薄します。
　ここで着目したい点は、動機の散らばり具合です。たとえば、30歳世代では他の世代よりも「子どもの出生」や「結婚」という「世帯構成の変化」の割合が高く出ているのに対し、50〜60歳世代では「自分の思い通りの家に住みたかったから」の比率が高く出るなど、『若い世代はリアル重視、中高年層は浪漫派』といった傾向がみてとれます。
　また、全体でも「子どもの教育環境を考えて」「親と同居することになったから」「勤務先への通勤を考えて」「賃貸住宅より分譲・建売住宅の方が品質がよいから」「傷や汚れを気にせずに住めるから」「収入がなくなっても住む場所に困らないように」「周囲から資金援助をしてもらえるので」といった動機も相応の選択率があります。このような散らばり具合をみると「家を買う理由は人それぞれ」ということが改めて確認できます。

▶「住まいに何を求めるのか」の視点も大切
　生活の基盤は、衣・食・住とよくいわれます。住まいは所有することで自分の「資産」となりますが、経済価値だけではなく「生活の基盤」としての要素を多く持っているといわれます。「我が家」の英訳が、「マイハウス」よ

「住まいに何を求めるのか」リスト

チェック欄	住まいに求めること
	結婚したり子どもができたら「我が家」に一緒に住みたい
	「夢」の実現
	親と一緒に住める場所
	よい住環境（治安・暮らしやすさなど）
	通勤や通学で便利な場所
	持つと社会的信用が得られる
	品質の良さ
	自身や家族のライフスタイルへの思いを実現する場所
	傷や汚れを気にしないで住める場所
	資産として保有して、値上がりが期待できるもの
	収入がなくなっても住むことが確保できる場所
自由記載枠	
自由記載枠	

（出所）三井住友トラスト・資産のミライ研究所作成

りも「マイホーム」のほうが、なぜかしっくりくるのは、「ハウス」が建物そのものを示していて即物的であるのに対し、「ホーム」には「自分が住んでいる場所・家族が安らぐ場所」という「家庭・生活」のイメージが加わるからではないかと感じます。

　人生100年時代は、生涯で何が起こるかわからない「不確実な時代」ともいえます。一生の間に世帯構成も変化しますし、単線的な変化だけでなくループ（家族が増えて、減って、また増えて）もあるでしょう。こう考えると、将来に生じる変化に対して、選択肢を広く持っておきたいというスタンスも納得感があるものと思います。

　「家を買うか、借りるか」については、「住まいに対して、今（もしくは将来）、自分は（一緒に生活する人たちも含めて）何を求めるのか？」を視点に

据えて考えてみることで、悩みや不安の雲が少し晴れてくるかもしれません。

　そのための具体的な取組みをご紹介します。【図表2－2】のような「住まいに求めることリスト」を、パートナーや家族のみなさんと一緒に作成してみることです。リストを作成する過程で、それぞれが住まいに対して持っている思いや考えを共有することができ（副作用として一層、議論が白熱するかもしれませんが）、「住まい」の意義・役割がはっきりみえてくるきっかけになると思います。

　まず、それぞれの「住まい」への想いを体現している物件をイメージし調査してみて、そのうえで「買う（持ち家）」のか「借りる（賃貸）」のか検討する、という手順も現実的な取組みの1つと考えています。

2 あなたは住宅ローンについて変動派？ それとも固定派？

▶ 案外知らない「住まいを買う」ための情報

先ほどの『再現！ 座談会』のメンバーには、不動産販売業の方も参加されていたので、時折、かなり具体的な「アクションに出るための情報」が差し挟まれていました。

座談会のなかほどで

・今は、ローン金利が超低いので、頭金の準備が少ない若い方にも住まいの購入を薦めている

・特に変動金利の利率が低い

・返済年数を長くすれば月々の負担も抑えられる

というコメントが出てきていますが、現状は本当にこのとおりなのでしょうか。

人生における最も高額な買い物の1つが「住まい」ですので、周囲の方の経験やコメントは大いに参考にしつつも、「事実確認」はしておきたいものです。

そこで、ここから「住宅ローンの金利のメカニズム」と「住宅ローン金利の過去、そして今後」について点検していきたいと思います。

▶ 返済する際に支払う利息はどう決まる？

手持ち資金がなくても、お金を借りることで、買いたいモノを買えたり、利用したいサービスを受けることができたりすると、うれしく楽しいものです。しかし、お金を借りる際に常に注意しなければならない点があります。それは、「利息を支払わなければならない」ということです。

お金を借りると、返すときに利息を支払う必要があります。たくさん借りれば借りるほど、また借りる期間が長ければ長いほど支払う利息額は増えま

25

す。借りた元本（当初借りた金額）分だけでなく、支払う利息がいくらになるのかをしっかり想定したうえで、借入金額・借入期間を設定することがとても重要になります。

　住宅ローンを設定するときも同様です。元本（当初借りた金額）の返済に合わせて「利息」を支払いますが、この利息を決めるのが「金利」と「期間」です。

　金利は、元本に対しての利息の割合を指します。貸す側は金利が高いほうが、借りた人から支払ってもらえる利息が多くなるのでうれしいですし、借りる側は、金利が低いほうが、支払う利息が少なくなるのでうれしいことになります。

▶ 変動金利と固定金利とは何が違う？

　金利のスタイルは大きくは2つあります。変動金利と固定金利です（【図表2－3】）。

　変動金利は、適用される金利が世の中の金利情勢に従って変動しますので、支払う利息の合計額は、返済期間中の金利環境によって変わります。返済中に金利が下がれば、支払利息は少なくなり、金利が上がれば、支払利息は多くなります。

　なお、住宅ローンに関しては、「短期プライムレート（民間の金融機関が優良企業向けに1年以内の短期間で貸し出すときに適用する最優遇貸出金利）」を基準に決められます。金利の変動は「短期プライムレート」の変動に左右されます。

　固定金利は、借り入れ当初時の金利が一定期間、固定されるものです。全期間の金利が固定となるタイプと、一定期間（5年、10年など）のみ金利が固定となるタイプがあります。固定されている間は、契約当初の金利、利息額が変動しません。

　なお、この固定金利は「償却期間10年の国債利回り」をベースとして、

図表 2-3	変動金利と固定金利の比較

借入利率区分	メリット／デメリット

変動金利

●半年ごとに見直し

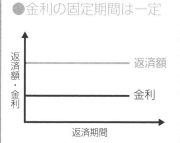

○借入期間中に金利水準が低下すれば、返済額が減額される

×借入期間中に金利水準が上昇した場合、返済額が増額される

固定金利

●金利の固定期間は一定

○金利が固定されている間は借入利率が変わらず返済額が確定

×金利の固定期間が終了するまで、「変動金利コース」への変更や固定金利期間の変更ができない

（注）　図はイメージです。
（出所）　三井住友トラスト・資産のミライ研究所作成

27

それに上乗せする金利幅を各金融機関が個別に設定する仕組みです。

▶ **どちらが得なのかはわからない**

　点検を進めていくと、変動金利と固定金利、どちらが得かと思わず問いたくなりますが、この議論は簡単に「損得」では語れないと思います。

　【図表2-3】のメリット・デメリットのとおり、どちらも一長一短があります。また、今後の金利情勢の見通しにも左右されます。現在、住宅ローンの平均的な借入期間は30年以上になってきています。かくも遠い将来にわたる金利動向に関して自信を持って予測できる人は極めて少ないと思われますので、考えるポイントは「金利の変動をどこまで許せるか」になってくると思います。

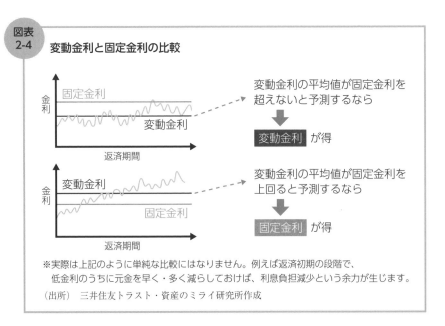

図表 2-4　変動金利と固定金利の比較

変動金利の平均値が固定金利を超えないと予測するなら

↓

変動金利 が得

変動金利の平均値が固定金利を上回ると予測するなら

↓

固定金利 が得

※実際は上記のように単純な比較にはなりません。例えば返済初期の段階で、低金利のうちに元金を早く・多く減らしておけば、利息負担減少という余力が生じます。

（出所）三井住友トラスト・資産のミライ研究所作成

28

変動金利は定期的に金利が見直されますので、将来、金利の上昇により支払利息が増える可能性もあれば、金利の低下で支払利息が減る可能性もあります。

　なお、現在の金利水準では、固定金利より変動金利が低い状況ですが、今後、基準となる指標金利が上昇してくると、支払負担は増えてきます。固定金利よりも変動金利が上昇し、返済負担が増えていく場合、固定金利で借りるほうが得になります（イメージは【図表2－4】を参照）。

寄り道コラム②

変動金利の "変動の仕方" とは？

　変動金利は、短期政策金利の動きをベースとして半年ごとに金利の見直しがあります。

▶ **125％ルールとは？**

　通常、変動金利でローンを組むと（元利均等返済を想定）、環境変化により急に短期の政策金利が上がったとしても5年間は毎月返済額を見直しせず、5年経過後も最大で25％しか上げないというルールがあります（「125％ルール」と呼ばれています）。返済開始当初の家計への影響を抑えることがこのルールの意図するところです。

　とはいえ、これは「返済額」について"変えない"ということですので注意が必要です。金利が上昇したら、当然、金利支払いの負担は（原則通り）大きくなるのですが、返済額に占める金利支払分の比率を上げることで毎月返済額の変動を抑える仕組みになっているのです。

　見方を変えると、元本支払分の比率が下がることで（当初計画比で）元本返済ピッチが遅くなる、ともいえますので、金利上昇が家計に及ぼす返済額の当面の変動は抑制されていますが、長期的な目線での対応は必要、ということです。

3 変動金利はいったい誰が決めているのか？

▶ 住宅ローンの主流は変動金利

　ミライ研が毎年実施している全国１万人への独自アンケート調査によると、住宅ローンを利用している1,249人に対し「住宅ローンの金利形態」を尋ねたところ、全年代平均では変動金利が約６割を占め、固定金利は３割強、変動と固定の組み合わせが１割弱となっていました。この結果をみると現在、日本において「住宅ローンの主流は変動金利だ」といえそうです（【図表２−５】）。年代別にみると20代で64.4％、30代で66.3％が変動金

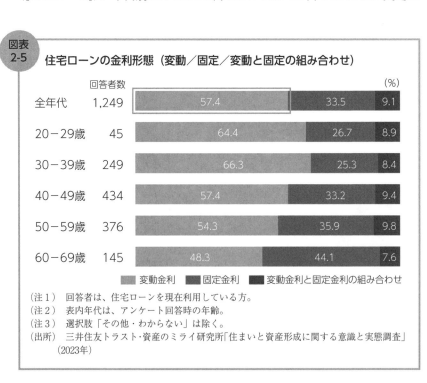

図表 2-5

住宅ローンの金利形態（変動／固定／変動と固定の組み合わせ）

	回答者数	変動金利	固定金利	変動金利と固定金利の組み合わせ (%)
全年代	1,249	57.4	33.5	9.1
20−29歳	45	64.4	26.7	8.9
30−39歳	249	66.3	25.3	8.4
40−49歳	434	57.4	33.2	9.4
50−59歳	376	54.3	35.9	9.8
60−69歳	145	48.3	44.1	7.6

■ 変動金利　■ 固定金利　■ 変動金利と固定金利の組み合わせ

（注１）　回答者は、住宅ローンを現在利用している方。
（注２）　表内年代は、アンケート回答時の年齢。
（注３）　選択肢「その他・わからない」は除く。
（出所）　三井住友トラスト・資産のミライ研究所「住まいと資産形成に関する意識と実態調査」
　　　　　（2023年）

利を利用しており、若年層においては3人に2人は変動金利でローンを組んでいるという状況です。

▶ 変動金利を決めているのは日本銀行か？

　ここまでで確認してきたように、変動金利型の住宅ローンは半年ごとに金利を見直す商品です。2016年に、日本銀行がマイナス金利政策を導入して以降、銀行間の競争激化もあって新規貸出向けの変動金利は一段と低下しました。大手銀行の変動金利型住宅ローンの金利水準は、足元の最優遇の金利でみれば年0.3～0.4％台で推移しています。

　一方、10年固定型の住宅ローンの金利水準は、おおむね年1％台前半で、住宅金融支援機構と民間銀行が提携して扱う全期間固定型住宅ローン「フラット35」は年1.8％台の水準です。

▶ 金融政策が修正されれば金利上昇も

　住宅金融支援機構の2023年4月調査によると、住宅ローン利用者のうち変動金利型は「約7割」で、2015年調査の「4割程度」から増加しています。これはミライ研のアンケート調査結果を裏付けるものです。

　変動金利型は、目先の返済額が全期間固定型や固定期間選択型より少なく済む点が特徴でした。足元では大手銀行が10年固定型の基準金利を引き上げる一方、変動型は据え置いており、変動金利型と固定金利型の金利差が拡大してきています。

　注意が必要なのは、変動型の金利にも先高観が出始めていることです。国内の物価上昇などを背景に日本銀行は金融緩和政策を転換し、ゼロ金利政策を解除しました。

　変動金利型の適用金利は金融機関がそれぞれ決めた基準金利から、個人の信用力などに応じた優遇幅を引いて決まります。優遇幅は完済するまで一定ですので、返済期間中の適用金利は基準金利が動いたときに変わることにな

るわけです。

　多くの金融機関は優良企業向けの貸出金利である短期プライムレート（以下、短プラ）に一定幅を上乗せして基準金利を決めています。短プラは日本銀行が決める短期の政策金利に連動しやすいといわれています。

　日本銀行の金利政策の転換や政策修正を受けて金融機関が基準金利を引き上げ始めていますが、現在、変動金利型の住宅ローンで借りることを決めている、あるいはすでに借りている人にとっては、今後、金利が上昇して住宅ローン金利が上昇し返済負担が増えたとしても、対応ができるかどうかを点検しておくことが大切になってきています。

　「住まいの購入」は「人生で最も大きな買い物」です。と同時に、抱える「住宅ローン」は返済が長期にわたりますので、その出し手である金融機関は「人生で最も長く付き合っていかねばならない債権者」ともいえます。今後の金利動向は変動金利型の住宅ローンを抱えている家計に大きく影響を及ぼします。

Chapter 3

「住宅ローンの常識」が変わる？
どう変わる？

1 「頭金」は、もう「過去の話」なのか？

▶『再現！ 座談会』でも「頭金」は気になるワード

　第2章の『再現！ 座談会』のなかでは、結構、「これは気になる」というワードがいくつも登場しているように思います。そのなかでもCさんとBさんの次の会話はとても気になります。

　「気になるワード」を強調してみましょう。

Bさん：自営業　　私は独身ですけど、買うか、借りるか、迷っています。
　　　　　　　　　そもそも家って頭金が少なくても買えるものなんでしょうか？

Cさん：不動産販売業　　今は、ローン金利が超低いので、頭金の準備が少
　　　　　　　　　ない若い方にも購入をお薦めしてますね。特に変動金利の利率が低い
　　　　　　　　　し、返済年数を長くすれば月々の負担も抑えられます。20代独身の
　　　　　　　　　方が、頭金ゼロで2,000万円以上の物件を購入するケースもあり
　　　　　　　　　ますよ。

Bさん：自営業　　私の友達にも独身でマンションを買った人とか、います
　　　　　　　　　ね。

　「頭金が少なくても家が買える」「ローン金利が低いので、頭金が少ない方にも購入を薦めている」という話を聞くと、Cさんのお仕事が不動産販売業ということなので、思わず「営業トークか？」とツッコミたくなりますが、「現状」は果たしてそうなっているのでしょうか？

　「人生で最も高い買い物」についての情報ですので、チェックしていきたいと思います。

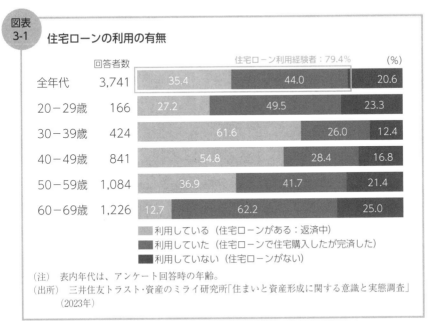

図表 3-1　住宅ローンの利用の有無

	回答者数	利用している	利用していた	利用していない
全年代	3,741	35.4	44.0	20.6
20−29歳	166	27.2	49.5	23.3
30−39歳	424	61.6	26.0	12.4
40−49歳	841	54.8	28.4	16.8
50−59歳	1,084	36.9	41.7	21.4
60−69歳	1,226	12.7	62.2	25.0

住宅ローン利用経験者：79.4%　　　　　(%)

　利用している（住宅ローンがある：返済中）
　利用していた（住宅ローンで住宅購入したが完済した）
　利用していない（住宅ローンがない）

（注）　表内年代は、アンケート回答時の年齢。
（出所）　三井住友トラスト・資産のミライ研究所「住まいと資産形成に関する意識と実態調査」
　　　（2023年）

▶ 住宅購入の8割は「ローン」。頭金の主流は「ゼロもしくは1割」!?

　ミライ研では、「住まい」と「資産形成」に関する1万人規模のアンケート調査を、毎年実施しています。この調査で、自分で自宅を購入した方3,741人に、「自宅購入時のローン利用の有無」を尋ねていますが、「住宅ローン利用中」「住宅ローンで購入（完済）」を合わせた比率は、全体で79.4%、特に20代で76.7%、30代では87.6%と極めて高く、若い世代の住居購入はローンに拠っていることが確認できました【図表3−1】。

　また、ローンを組んで住まいを購入した方2,771人に対して、ローン設定時の頭金（対物件価格比率）について尋ねていますが【図表3−2】、全体では「頭金はゼロ」が27.4%、「頭金は1割」が20.7%、となっており、これを合わせると、「頭金ゼロもしくは1割程度」で自宅を購入した比

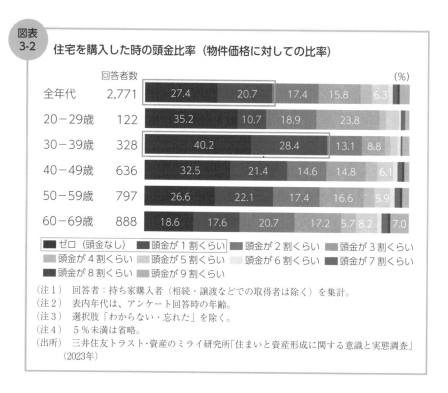

図表
3-2　住宅を購入した時の頭金比率（物件価格に対しての比率）

（注１）　回答者：持ち家購入者（相続・譲渡などでの取得者は除く）を集計。
（注２）　表内年代は、アンケート回答時の年齢。
（注３）　選択肢「わからない・忘れた」を除く。
（注４）　５％未満は省略。
（出所）　三井住友トラスト・資産のミライ研究所「住まいと資産形成に関する意識と実態調査」
　　　　　（2023年）

率は48.1％という結果となりました。特に30代の「頭金ゼロ」「頭金１割」の合計比率は68.6％と、この年代の３分の２が「頭金ゼロ」か「頭金１割」で自宅を購入していることが確認できました。

　この結果をみると、座談会でＣさんの「若い世代が頭金ゼロで2,000万円以上の物件を購入している」というコメントは「現状」を反映しているといえましょう。

▶ もはや「頭金」は非常識なのか？
　2000年頃までは、「頭金は物件価格の２～３割を目安として、購入前に

自分の力で準備するもの（それが社会人としての務め）」などといわれていました。

　しかし、21世紀に入るあたりから環境が変わってきました。新築住宅の価格高騰が右肩上がりで続いていること、住宅ローン金利が歴史的な低水準のまま推移してきていること、住宅ローン減税の延長に次ぐ延長、といった環境のもとで、「現状の低いローン金利であれば、住宅ローン減税が活用できるケースだと、当初10年間（もしくは13年間）は支払利息よりも税控除のメリットが大きくなりそうだ」という判断も働いて、「当初の借入額が高額になったとしても、税控除メリットも比例して大きくなるから、今が買い時だ！」と住宅取得に踏み切る世帯も多かった（そして、今も多い）と考察しています。

▶ 新しい「住宅ローンの常識」とは？

　また、従来は「頭金が少ないと金融機関のローン審査が厳しくなる」といわれていましたが、現在では、住宅ローンの減税効果などを背景として、金融機関の審査基準も変化してきており、頭金の有無・多寡がローン設定に及ぼす影響が限定されてきています。そういう状況もあって、住宅ローンの頭金や諸費用をローン本体に織り込んで設定する、いわゆる「フルローン」の利用が年々増加してきています。

　加えて、「頭金を貯めていると、いざローンを組んだ際の完済時年齢が高齢になってしまう」とか、「物件価格が高止まりしていて、待っていても安くなりそうにない」「住宅ローン減税のメリットを（改正などでメリットが小さくなる前に）利用したい」など、各世帯におけるリアルな「今、買っておかなくては」というニーズも「頭金ゼロ・1割」の背景になっていると考えられます。

　令和時代においては「頭金の準備はなくとも、とにかくローンで住まいを購入する」ことも、合理的な選択肢の1つだといえるかもしれません。

　ただし、人生100年時代においては、「住まいの費用」「子どもの教育費用」だけでなく「老後生活費用（老後資金）」も高額化してきています。100年時代だからといって生涯収入が自動的に増えるわけではありませんので、「（限りある）生涯収入を、どんなライフイベントに、どれくらい振り分けるか」を考え、計画を立てることがとても重要になってきているわけです。

　まとめてみますと、令和において、「住宅の取得・住宅ローンの組み方」は、「住まい」だけの問題ではなく、老後資金準備なども含めた「ライフプラン」や「マネープラン」と「密接なつながり・連続性」を持ったイベントになってきています。

2 「繰り上げ返済」も、「非常識」なのか？

▶ 昭和の「不動のセンター」だった「繰り上げ返済」、令和におけるポジ
ションは？

　令和は数え切れないくらいの魅力的なアイドルグループがひしめき合って
いる時代だと思いますが、それぞれのグループにおいて「ポジション」とい
うものがあるそうです。

　ポジションのなかでも、そのグループの浮沈の鍵を握っているのが「不動
のセンター」「絶対エース」ということらしいのですが、確かに、世の中の
人気アイドルグループをみると、「不動のセンターがグループを牽引してい
る」というパターンは多いように思います。

　住宅ローン界においてもそういった存在はあったように思います。例え
ば、昭和時代において、住宅ローンを借りる際の「絶対エース」は「頭金」、
借りたあとの「不動のセンター」は「繰り上げ返済」あたりで衆目が一致す
るのではないでしょうか。

　ところが、前節で現在の「頭金」のポジションをみてみましたが、頭金は
どうやら「絶対エース」ではなくなった様子です。では、「不動のセンター」
の「繰り上げ返済」のほうは、現状、どうなっているのでしょうか。

▶ まず、「繰り上げ返済」とは？　一言でいえば、将来支払うはずだった利
息の節約

　繰り上げ返済は、住宅ローンの元金の一部または全部を当初の予定よりも
前倒しで返済することです。効用は、繰り上げて返済した元金部分に対応す
る（当初想定していた）利息を支払わずに済むことです。

　住宅ローンの月々の返済額は、【図表３−３】のように元金返済分と利息
分の合計となります。

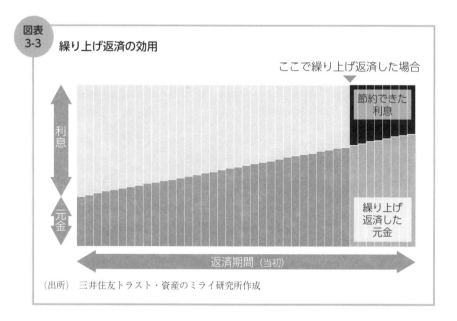

図表
3-3　繰り上げ返済の効用

ここで繰り上げ返済した場合

利息

節約できた
利息

元金

繰り上げ
返済した
元金

返済期間（当初）

（出所）三井住友トラスト・資産のミライ研究所作成

　一般的によく利用されている「元利均等返済」の場合、返済額に占める利息の割合が徐々に減少し、元金の返済に充てられる部分が増加していきます。【図表3-3】は全期間固定金利ローンのイメージ図で、変動金利ローンの場合は5年ごとに毎月の返済額が変動します。図の黒い部分は、全額繰り上げ返済した場合に、支払わずに済んだ利息を示しています。このように、繰り上げ返済には「将来支払うはずだった利息が節約できる」という効用（メリット）があります。

　繰り上げ返済には【図表3-3】の例のように、その時点で未返済の元金をすべて返済する全額繰り上げ返済のほかに一部繰り上げ返済という方法もあります。一部繰り上げ返済とは、将来返済予定の元金の一部を前倒しで返済することです。この場合も繰り上げ返済した元金に対応して支払う予定だった利息を節約することができます。

一部繰り上げ返済には、期日短縮型と期日据置型があり、いずれかを選択できます。期日短縮型は毎月の返済金額を変えずに返済期間を短縮する方式です。期日据置型は、毎月の返済金額を少なくし、返済期間は当初の期間のままとする方式です。繰り上げ返済する額が同じであれば、期日短縮型のほうが今後の利息支払額は少なくなります。

▶ 人気はある。しかし、陰りもみえる

　ミライ研の１万人アンケート調査で、現在、家計で住宅ローンを抱えている方4,409人を対象に、「ローン返済の意識」を尋ねたところ（【図表３－４】）、全体では「リタイア前に完済する予定」が29.8％、「現役時代にできるだけ繰り上げ返済」「現役時代に繰り上げ返済し、リタイア時に残債を退職金で一括返済」が41.3％という結果になりました。

　この「家計の負債に対しては、できる限り現役時代に繰り上げ返済で対応」という取組み意識は、図表内の青枠囲みのところに現れていると思います。合計値でみると、20代で49.0％、30代では46.8％、40代でも39.7％と高くなっており、現役時代に「繰り上げ返済」に取り組むことで、できるだけ負債を減らしておきたい意向が確認できます。

　この結果をみると、住宅ローンを抱える世帯にとって、繰り上げ返済のポジションは令和においても「不動のセンター」といえそうです。

　確かに昭和から平成に変わったあたりまでは、「家計に余裕ができたら、住宅ローンの繰り上げ返済へ」は家計のセオリーでした。住宅ローン金利の高かった時代においては、繰り上げ返済で借入元本を減らすことで、負担感の大きい「将来の利息」の軽減効果が確実に見込めたからです。

　一方で、2000年以降、住宅ローンの金利水準は大きく変わりました。住宅ローンの基準金利（変動金利）は、ここ10年以上、店頭表示金利で年2.475％の水準が続いており、適用金利としては、各金融機関の金利優遇対応を織り込みますと、実勢で年0.3〜0.7％の水準となっています。

| 図表 3-4 | ローン利用者の「リタイア時の家計の負債」についての意識 |

(%)

	回答者数	リタイア前に完済する予定	現役時代にできるだけ繰り上げ返済	現役時代に繰り上げ返済し、リタイア時に退職金で一括返済	退職金で一括返済	リタイア時に保有不動産を使って（住替えなど）返済	繰り上げ返済や退職金での一括返済は考えていない
全年代	4,409	29.8	30.4	10.9	5.3	5.1	18.6
20-29歳	771	27.4	35.4	13.6	3.5	3.9	16.2
30-39歳	881	26.9	35.9	10.9	3.9	6.2	16.2
40-49歳	1,134	33.0	30.4	9.3	4.6	4.9	17.8
50-59歳	922	32.3	25.3	8.6	7.4	6.0	20.5
60-69歳	701	27.4	24.4	13.4	7.8	4.1	22.8

（注）　小数点以下の四捨五入の関係で合計が100.0にならないこともある。
（出所）　三井住友トラスト・資産のミライ研究所「住まいと資産形成に関する意識と実態調査」（2022年）

1990〜95年あたりでは、基準金利（変動）は年4〜8％の水準でしたので、歴史的にみると極めて低い金利で「資金調達」ができるようになったわけです。少し視点を変えると、住宅ローンのユーザーは、向こう30年以上の長期にわたって「超低金利での借金ができた」時代だったともいえます。

　また、現在、住宅ローンは、自動車ローン、カードローンなど様々ある借入れのなかで、金利水準が各段に低い借入れとなっています。例えば、住宅ローンを繰り上げ返済したあとで、教育費を借りようとすると、住宅ローンよりも高い金利で借り入れることになるでしょう。加えて、今、住宅ローン減税の適用を受けている世帯で「適用期間中のメリットをできるだけ享受したい」と考えている場合は、繰り上げ返済をしないほうがよいケースも考えられます（元本が減ると控除も減少するので）。

▶ 風が吹いたら桶屋が儲かる。インフレだったら繰り上げ返済?!
　第2章で「現在では変動金利が主流」というデータ（【図表2－5】）を掲載しています。メディアでも変動金利が主流だとの認識が広がってきているようです。そのせいか、住宅ローンに関して最近メディアでよく見かけるフレーズとして「インフレ（物価の上昇）局面になったら繰り上げ返済をしよう」があります。

　2022年度より世界各国でインフレが進行してきています。コロナ禍からの経済回復で物価上昇が進んでいたところに、ウクライナ侵攻などの要因が加わったためと考えられます。

　教科書的には、インフレを放置すると物価上昇のピッチが加速し、経済にダメージを与えるリスクが高まります。こうしたリスクをコントロールするために世界各国の政府や中央銀行は政策金利を引き上げることでインフレの抑制を図ります。

　日本においてもエネルギーや食料品などの値上げが相次いでいますので、「次は政策金利引き上げだ。（うちは変動金利のローンなので）すぐに金利も上

昇するだろう。金利上昇の前に家計の余裕を繰り上げ返済に回して借入元本を減らしておかねば」という着想は間違いではありませんが、「インフレ懸念」から一足飛びに「繰り上げ返済」に向かうのは、いささか「風が吹いたら桶屋が儲かる」に近いのかもしれません。

▶ 金利の変動だけでなく「世帯収入の変動」にも目配りを

　風が吹いたら桶屋が儲かる式の発想の裏側には、インフレとともに金利が上昇して「返済負担もアップする」ことをなんとか回避したい、という想いがありそうです。

　ここで少し立ち止まって考えてみます。家計の負担を考えるのであれば、「インフレ」「金利が上昇する」だけでなく、「景気の動向（景気が拡大しているのか縮退しているのか)」や「賃金の上昇（家計所得は増加しているのか)」も併せて考えておきたいものです。

　ここでは、特に「金利変化」と「年収変化」との相関がポイントになりそうです。

　具体的に、以下のパターンで考えてみます。

> パターンＡ：ローン金利の上昇＜家計年収の上昇

> パターンＢ：ローン金利の上昇＞家計年収の上昇

　パターンＡのように「ローン金利の上昇」と「家計年収の上昇」がうまくシンクロ（同期）すれば、家計への負担感はあまり大きくなりません。年収の上昇幅によっては「繰り上げ返済」を行う余裕も生じて、借入元本を減らすことも考えられます。しかし、パターンＢのように「年収は上がらず、ローン金利は上昇（返済額は増加)」となると、家計の逼迫を招くリスクが高まります。

「インフレ」と「景気動向（拡大・停滞・縮小）」、「景気動向」と「世帯収入の変化（増加・維持・減少）」などローンに関して変数は多くあります。教科書的な対応策について研究しつつも、「自分の世帯にとっての重要な変数は何か？　それは今後どう変化するのか？」という、いわば「（自分の）家計における風の吹き方」を考えながら家計の舵取りに取り組んでいくことが、インフレ局面においては大切です。

▶ インフレへの心構えは"Make haste slowly."（急がば回れ）か？

　第2章の〈寄り道コラム②〉に掲載していますが、変動金利は、短期政策金利の動きをベースとして半年ごとに金利が見直されます。しかし、環境変化で短期の政策金利が急に上がったとしても5年間は毎月返済額の見直しをせず、5年経過後も最大で25％しか上げないというルールでした。返済開始当初の家計への影響を抑えるルールが設けられているわけです。

　「風が吹いたから、すぐに桶屋は大繁盛！」ということにならないのと同様に、「インフレになりそうなので、繰り上げ返済だ！　今でしょ！」ということでもなさそうです。

　繰り上げ返済は借入元本の返済に充てられますので、本来、支払う予定だった将来の利息を軽減させる効果があることは事実です。一方、住宅ローンは様々なローンのなかでも金利水準が相対的に低いローンとなっていることも確かです。加えて、現在、住宅ローン減税の適用を受けている世帯で、適用期間中のメリットをできるだけ享受したい場合は、繰り上げ返済をしないほうがよいケースも考えられます。インフレ動向をみながら、景気の拡大動向や今後の（自分の）家計における風の吹き方（働き方や収入などの変化）を考えつつ、当面、低金利が継続する期間においては、「住宅ローンの繰り上げ返済一択」ではなく、今後、医療費や不測の事故、親族の介護などで急にお金が必要になったときなどの備えとしての「資金保有」や「資産形成」も選択肢として考えてみることが重要だと思います。

45

　ヨーロッパには、"Make haste slowly."（ゆっくり急げ）という古い格言があるそうです。現在、住宅ローンを返済中のみなさんにとっては、将来、本格的に金利が上昇したときでも繰り上げ返済ができる程度の“家計の余裕”を持てるように、今からマネープランを点検し、余裕をつくるための取組みを始めてみることが大切なのだ、という意味合いを含んだ“今日的な格言”ではないでしょうか。

寄り道コラム③

繰り上げ返済の手続きと費用

▶ **返済は、何度でもいくらでもOKか？**

　通常、繰り上げ返済は、金融機関の定める条件を満たす限り、何度でも行うことができます。返済額についても上限はありません。

▶ **金融機関や住宅ローン商品によって繰り上げ返済の条件は違う**

　繰り上げ返済は、金融機関窓口やインターネット経由、金融機関によっては電話など、様々な方法があります。注意しておきたいのは手数料です。現在は、【フラット35】やネット経由で繰り上げ返済をする場合、「手数料は無料」のケースが多いようですが、窓口や電話での手続きをする場合や、残債を一括で繰り上げ返済（完済）する場合には手数料がかかるケースもあります。また、変動金利型のローンで返済中なら手数料無料だが、固定金利型なら手数料がかかるケースもあります。積極的に繰り上げ返済をする予定なら、手数料についてのチェックは必須です。

▶ **こまめに繰り上げ返済するなら受入額の条件をチェック**

　金融機関や住宅ローン商品によって、繰り上げ返済の最低返済額は異なります。1円以上、1万円以上といった少額から受け入れる金融機関もあれば、10万円以上が条件のところもあります。【フラット35】の場合は、金融機関窓口では100万円以上が条件ですが、インターネット経由の場合は10万円以上からと金額が異なります。

　また、金融機関によっては、口座に指定した金額以上の残高がある場合は、

自動的に繰り上げ返済をしてくれる「自動繰り上げ返済」のサービスもあります。手続きの手間がなく、知らず知らずの間に元金が減らすことができる効果も期待できそうです。

▶ **繰り上げ返済をすると一括で払った保証料が戻ってくる場合がある**

　住宅ローンを借りるときには、万が一返済ができなくなった場合に、残っている元金の返済を肩代わりする保証会社に対して保証料を支払っています。保証料の支払方法には、借入金利に0.2％程度を上乗せして支払うタイプ（内枠方式）と、借入時に一括で払うタイプ（外枠方式）があります。外枠方式で支払っているケースでは、繰り上げ返済をすることで保証料が戻ってくる場合があります。

▶ **住宅ローン減税を適用しているケースで気をつけるべきこと**

　繰り上げ返済をして、住宅ローン減税が使えなくなるケースもあります。住宅ローン減税の適用条件は「返済期間が10年以上」となっています。繰り上げ返済を頑張って、残りの返済期間が10年を切ると住宅ローン減税を受けられなくなります。そこで、住宅ローン減税の効用を享受することを優先するのであれば、住宅ローン減税の適用期間の終了後に繰り上げ返済するという考え方もあります。

　どうすれば有利になるかは、利用者の所得税額、住宅ローンの借入額、金利などの条件によって違ってきます。金融機関のシミュレーションなどを活用して、「我が家のケース」ではどうなるかを具体的な数字で確認しながら検討することが重要です。

住宅価格の高騰がもたらす
新たなローン事情

1 膨らむ住宅ローンへの「傾向と対策」とは？

▶ 住宅価格の高騰が「住宅ローンの肥満化」を助長?!

　お勤めをされているみなさんであれば、年に1回、職場で健康診断を受診されていると思います。日本では、労働安全衛生法に基づき、企業に対して従業員の健康診断受診が義務付けられており、違反すると50万円以下の罰金が企業に科せられることがあります。

　健康診断の際に、個人的には少し気になる診断項目があります。BMI値です。「肥満度判定項目」といったほうが、馴染みがありそうですが、受診の際、おもむろに「おなか、測ります」といわれ（思わずおなかを引っ込めたくなりますが許してもらえず）、ありのままの腹囲を測られます。WHO（世界保健機関）の基準では、BMIの値は「25」以上が過体重、「30以上」が肥満となるそうです。厚生労働省「令和元年国民健康・栄養調査報告」によると、日本は20歳以上の人の肥満の割合が男性33.0％、女性22.3％となっています。この割合は、男女ともこの10年ほど、ほぼ横ばいで推移してきています。

　日本の「肥満度」は横ばいということですが、住宅ローンの「肥満度」はどうでしょうか。ここで「肥満度」といっているのは「住宅ローンの当初借入額」のことです。

　第1章から第3章までで

　　✓住まいの価格は上昇し続けている　　……【図表1-1、1-2】

　　✓住まいを保有するときは住宅ローンを利用して購入している

　　　　　　　　　　　　　　　　　　　　　　……【図表3-1】

　　✓住まい購入時の頭金比率は「ゼロ・1割」が主流になってきている

　　　　　　　　　　　　　　　　　　　　　　……【図表3-2】

といった点が確認できたと思います。

| 図表 4-1 | 住宅保有者（住宅ローン利用）の当初住宅ローン借入額（平均値）〜住宅の購入時期で比較 |

回答者数：2,137　　　　　　　　　　　　　　　　　　（万円）

現在の年齢 ＼ 購入時期	2013年〜22年	2003年〜12年	1993年〜02年	1983年〜92年	1973年〜82年
20－29歳	2,438	—	—	—	—
30－39歳	2,937	2,597	—	—	—
40－49歳	2,835	2,473	2,500	—	—
50－59歳	2,842	2,514	2,400	2,205	—
60－69歳	2,823	2,214	2,590	2,203	1,586

（注）　表内の「現在の年齢」は、アンケート回答時における回答者の年齢。
（出所）　三井住友トラスト・資産のミライ研究所「住まいと資産形成に関する意識と実態調査」（2023年）

　住まいを保有する際に、多くの人が住宅ローンを利用して購入しており、その際に頭金をほとんど入れずに（フルローンで）購入費用を調達している、とするならば、住宅価格が高騰すればするほど、「家計の住宅ローン借入額」も正比例して大きくなっているはずです。

　果たして、そんな「正比例」は生じているのでしょうか。

▶ 平成から令和の間に住宅ローンの借入額はどう変わったか？

　ミライ研が実施したアンケート調査「住まいと資産形成に関する意識と実態調査」（2023年）において、住宅ローンを利用して自宅を保有した2,137人に「住宅の購入時期」と「購入時の当初ローン借入額」について尋ねたと

ころ【図表4－1】の結果となりました。

　図表の読み取り方ですが、例えば「現在の年齢」が40-49歳、「購入時期」が1993〜2002年の交点の数字は、現在、40歳から49歳の方で、1993年から2002年の間に住宅購入した人の住宅ローン借入額平均は2,500万円だった、ということを示しています。

　平成時代である1993年から2012年の間に住宅を買った方の当初住宅ローン借入額平均は2,500万円程度で推移していますが、平成から令和へと移った2013年から2022年の間に購入した方の借入額平均は2,835万円と約335万円増加しています。

　現在30〜39歳の方の借入額でみても、2003〜12年の間に借り入れした人の平均は2,597万円ですが、2013〜22年では平均2,937万円と約340万円の増加が確認できました。

▶ 借入額増加への対抗策①〜ローンは「長く細く！」

　借入額が大きくなったとしても、生涯年収がそれに比例して大きくなるわけではありませんので、「借入額の増加」は「月々の返済額の増加」であり、ひいては「家計の逼迫」につながります。

　では、この借入額増加への対抗策として何が考えられるでしょうか。

　真っ先に候補にあがるのは、返済期間を長くすることです。時間をかけて返済する計画を組むことで、当面の返済額を抑え、家計面での逼迫を回避する取組みです。

　住宅ローンの一般的な返済期間は、30年から35年です。金融機関に相談すれば、15年ローンや20年ローンなども利用できますが、返済期間を短縮すると、その分月々の返済額が増加します。住宅ローンの返済期間は原則変更できませんので、一度、１ヶ月あたりの返済額が高いローンを組んでしまうと、返済開始後に「滞納リスク」を抱えることにもなります。

　基本的には、返済期間の長いローンを組みつつ、繰り上げ返済を活用する

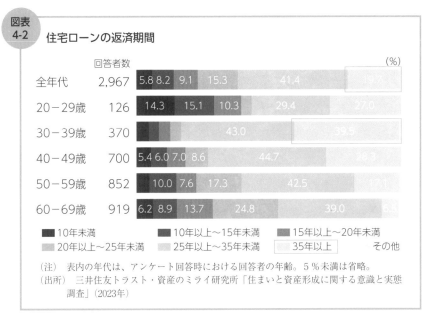

図表
4-2　住宅ローンの返済期間

	回答者数	10年未満	10年以上～15年未満	15年以上～20年未満	20年以上～25年未満	25年以上～35年未満	35年以上	その他
全年代	2,967	5.8	8.2	9.1	15.3	41.4	19.7	
20-29歳	126	14.3	15.1	10.3		29.4	27.0	
30-39歳	370				43.0		39.5	
40-49歳	700	5.4	6.0	7.0	8.6	44.7	28.3	
50-59歳	852		10.0	7.6	17.3	42.5	17.1	
60-69歳	919	6.2	8.9	13.7	24.8	39.0	6.3	

（注）　表内の年代は、アンケート回答時における回答者の年齢。5％未満は省略。
（出所）　三井住友トラスト・資産のミライ研究所「住まいと資産形成に関する意識と実態
　　　　調査」（2023年）

ことにより、金利負担を抑えると同時にローンの返済を早めていく、という
取組みスタンスが一般的ですが、若い世代においては返済期間を長く設定す
ることで、「増加した住宅ローン借入額」の返済圧力を「返済期間の長期
化」で緩和しようという潮流が感じられます。

　実際に、ミライ研の1万人アンケート調査で住宅ローンを利用中（利用経
験者を含む）の2,967人に、ローン設定当時の「返済期間」を尋ねた結果が
【図表4-2】です。

　返済期間は、全体でみると、「25年以上～35年未満」が約4割（41.4％）
を占め、「35年以上」も2割弱（19.7％）で2番目に多い比率となってい
ます。

　特に30代では「35年以上」が4割弱（39.5％）と最も多くなっており、

新築の注文住宅・分譲住宅に関する返済年数（2021年の市場動向）

新築の形態	35年以上のローンの利用比率	返済期間の平均年数
注文住宅（建物）	72.5%	32.9年
注文住宅（土地）	82.7%	34.2年
分譲戸建住宅	79.0%	34.1年
分譲マンション	71.2%	32.0年

（出所）　国土交通省「令和3年度住宅市場動向調査報告書（2021年）」をもとに三井住友トラスト・資産のミライ研究所が作成

全体平均の2倍となっていることがわかります。

　こういったデータをみると、借入額増加への対抗策として、返済期間への取組みが「太く短く」ではなく「細く長く」に、さらには「より長くしてより細く」へと変化してきていることが確認できます。

　参考として、新築物件の住宅ローンの平均的な借入期間、借入時・完済時の年齢についての2021年の市場動向を【図表4−3】にまとめました。

▶ 借入額増加への対抗策②〜金利は「より低く！」
　3,000万円が分水嶺か？
　お金を借りる際に、利息計算のもとになるのが「金利」です。貸す側とすれば「より高く」、借りる側からは「より低く」が当事者の心情になると思います。

　人生で最も大きな買い物をするために、人生で最も大きなローンを抱える

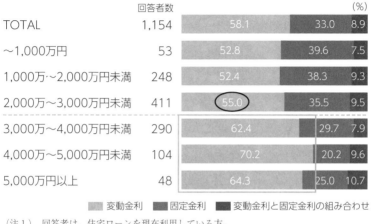

図表 4-4 住宅ローンの金利形態と借入金額（クロス分析結果）

	回答者数	変動金利	固定金利	変動金利と固定金利の組み合わせ (%)
TOTAL	1,154	58.1	33.0	8.9
～1,000万円	53	52.8	39.6	7.5
1,000万～2,000万円未満	248	52.4	38.3	9.3
2,000万～3,000万円未満	411	55.0	35.5	9.5
3,000万～4,000万円未満	290	62.4	29.7	7.9
4,000万～5,000万円未満	104	70.2	20.2	9.6
5,000万円以上	48	64.3	25.0	10.7

■ 変動金利　■ 固定金利　■ 変動金利と固定金利の組み合わせ

（注1）　回答者は、住宅ローンを現在利用している方。
（注2）　選択肢「その他・わからない」を除く。
（出所）　三井住友トラスト・資産のミライ研究所「住まいと資産形成に関する意識と実態調査」（2023年）

Chapter

4

住宅価格の高騰がもたらす新たなローン事情

わけですので、借りる側の「より低く」の想いの「切実さ」は一層だと思います。

　現在の住宅ローンの「金利形態」については、第2章で、全体では変動金利が約6割、固定金利は3割強、変動と固定の組み合わせが1割弱となっており、「変動金利が主流」の構図を確認しました。

　実は、ミライ研では住宅ローンについての「金利形態」と「借入金額（当初設定額）」のクロス分析を実施しています。住宅ローンを現在利用中している人（1,154人）について、全体の変動金利の利用率と借入金額区分別の利用率とを比較してみると、「借入金額3,000万円」を境に変動金利の利用率が上昇していることが確認できました。

　具体的には、「借入金額区分2,000万～3,000万円未満」では変動金利利用率は55.0％程度ですが、3,000万円より大きな金額区分になると、変動金利の利用率は順に62.4％、70.2％、64.3％と「6割から7割」に上昇していることがわかりました（【図表4－4】）。

▶ 借入金額が大きくなるにつれ、「より低い金利」が選ばれる

　住宅ローンにおける変動金利の基準金利は、店頭表示金利ベースで年2.475％の水準が続いています。適用金利（各金融機関の金利優遇対応を織り込んだ金利）は、実勢で年0.3～0.7％の水準であり、歴史的にも極めて低い水準です。一方、現在の固定金利水準も、過去の金利の変遷からみて極めて低い水準（返済期間35年で実勢は年1.2～2.0％）です。

　住宅ローンで高額の借入れをする場合、変動／固定双方の当初返済額（月額・年額）などをみて、「変動と固定の差分」が「家計の逼迫感」に及ぼす影響をよく確認したうえで、変動か固定かを選んでいるのではないかとミライ研では考えています。

　参考として、前提（借入金額：3,000万円、返済期間：35年、変動金利は返済期間中の金利変動がないものとした）をおいて、新規借入れの試算を行ってみました（ミライ研にて試算、【図表4－5】）。

　「借入額が3,000万円の大台に乗った」「今後の返済は大丈夫だろうか、どれくらいだったら我が家の家計は耐えられるだろうか」という気持ちで試算結果をみてみますと、金利の差は「年1％」ではありますが、返済額は、毎月では▲1万3,980円、年額では▲16万7,760円、35年間の総返済額では▲587万円、変動金利のほうが小さくなります。

　長らくデフレーション（物価が上がらない状態）が続いた日本でしたが、そのなかでも上記のような「家計への影響額」が「変動金利志向」を促してきたのではないでしょうか。

　「変動金利は金利上昇局面において返済負担が大きくなる」というリスク

返済シミュレーション

	①変動金利	②固定金利	差分（②−①）
金利	年0.5%	年1.5%	−
毎月の返済額	77,875円	91,855円	13,980円
年間返済額（当初）	934,500円	1,102,260円	167,760円
総返済額（35年間）	3,271万円	3,858万円	587万円

（出所）　三井住友トラスト・資産のミライ研究所作成

は認識しているものの、返済開始当初において「（金利上昇リスクはあるものの）目先の返済金額は可能な限り抑えておきたい」との気持ちが高まる分水嶺が「借入金額3,000万円ライン」ではないかと考えています。

2　1馬力ではなく2馬力で！ ペアローンのメリット・デメリット

▶ 対抗策の新機軸は「ペアローン」

　本章ではここまで、「高騰し続ける住宅価格」とそれに伴い膨張しつつある「住宅ローンの借入額」についてみてきました。

　そして、借入額増加への対抗策として、①ローン返済期間の長期化（『より長く、より細く！　作戦』）、②変動金利の選好（『借入れが大きいからこそ金利はより低く！　作戦』）が講じられていることを確認しました。では、対抗策はこれで「打ち止め」なのでしょうか。

　ここ数年、若い世代を中心に『対抗策の新機軸』として利用が増えてきているのが「ペアローン」です。マイホームを購入したいけれど住宅価格が高くて、自分の収入だけでは手が届かない。そういうケースで利用が増えているのが、自分とパートナーとの2人分の収入で家を購入する方法で、その1つが「ペアローン」です。

　では、ペアローンとはどのような仕組みなのでしょうか？　イメージとしては、夫婦が別々に住宅ローンを組んで住まいを購入し、それぞれがローン返済をしていくというものです。つまり、1つの住まいの購入のために2本の住宅ローンを設定することになります。

　例えば、4,000万円の住宅を全額借入れで購入する場合、夫は2,400万円の住宅ローンを組み、妻は1,600万円の住宅ローンを組むといった方法です。この方法で購入した住宅は、夫婦の共有名義となり、持ち分はそれぞれの負担額に応じて決められます。この場合は、夫6：妻4という割合になります。

　ペアローンと似た方法に「連帯債務」という方法があります。これは2人で1本の住宅ローンを組む方法です。これは「収入合算」といわれる方法の1つで、夫か妻のどちらかが「主たる債務者」として住宅ローンを組

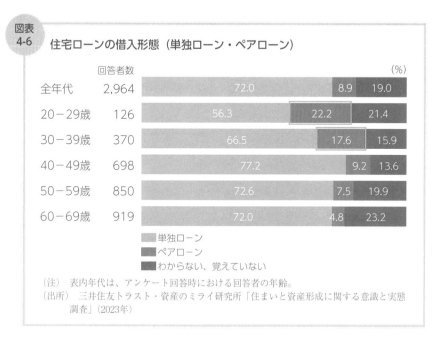

図表 4-6 住宅ローンの借入形態（単独ローン・ペアローン）

	回答者数	単独ローン	ペアローン	わからない、覚えていない
全年代	2,964	72.0	8.9	19.0
20−29歳	126	56.3	22.2	21.4
30−39歳	370	66.5	17.6	15.9
40−49歳	698	77.2	9.2	13.6
50−59歳	850	72.6	7.5	19.9
60−69歳	919	72.0	4.8	23.2

（単位：%）

■ 単独ローン
■ ペアローン
■ わからない、覚えていない

（注）　表内年代は、アンケート回答時における回答者の年齢。
（出所）　三井住友トラスト・資産のミライ研究所「住まいと資産形成に関する意識と実態
調査」（2023年）

み、もう1人が「従たる債務者」として、それぞれが返済義務を負うという仕組みです。なお、連帯債務の場合も、夫婦それぞれの持ち分を決め、その割合に応じて返済をしていくというのが原則です。

▶ 20代・30代の住宅ローン利用状況は5人に1人がペアローン

　ミライ研の独自アンケートの調査結果では、住宅ローンを利用して自宅を購入した人（2,964人）のうち、全体では単独ローン利用率が72.0％、ペアローン利用率は8.9％となっています。単独ローンが多数派であるものの、年代別に利用率をみてみると（【図表4−6】）、20代・30代でのペアローン利用は約2割を占めており、全年代での割合の2倍となっていました。

図表
4-7

住宅ローンの当初借入額（中央値）〜単独ローンとペアローンの比較

	単独ローン(万円) ①	ペアローン(万円) ②	増加金額(万円) ②−①	増加分(%) ②／①
全年代	2,322	2,911	589	125
20−29歳	2,417	3,333	916	138
30−39歳	2,786	3,528	742	127
40−49歳	2,386	2,889	503	121
50−59歳	2,313	2,625	312	113
60−69歳	2,068	2,273	205	110

（注１）　中央値は、50％部分が含まれる選択肢から概算値を算出。なお、回答は各選択肢
　　　　　内で均等に分布していることを前提としたもの。
（注２）　表内年代は、アンケート回答時における回答者の年齢。
（注３）　選択肢「わからない・覚えていない」を除く。
（出所）　三井住友トラスト・資産のミライ研究所「住まいと資産形成に関する意識と実態
　　　　　調査」（2023年）

　また、当初借入額では「単独ローン＜ペアローン」の構図が鮮明となって
おり、20代・30代では、700万円から900万円程度ペアローンのほうが高
額で、単独ローンと比較すると20代で138％、30代で127％の水準となっ
ていました（【図表４−７】）。

▶ ペアローンのメリットは？

　ペアローンの最大のメリットは、"夫婦２人の収入で家を購入できるこ
と"ですが、それ以外には、どのようなメリットがあるのでしょうか。１
つは、夫婦２人の収入を最大限に活かせるということです。夫婦それぞれ

がローンを組むので、借入可能額がそれぞれの収入に応じて決まるため、2人合わせた借入可能額が大きくなります。

　一方、収入合算して2人で1本のローンを組む連帯債務の場合、金融機関ごとに取り扱いは異なりますが、夫婦の年収の全額を合算できるとしている金融機関もあれば、どちらか一方については年収の2分の1までしか合算できないとしている金融機関もあります。借入れを検討している金融機関に確認してみてください。

　また、もう1つのメリットとして、"夫婦それぞれが団体信用生命保険（団信）に加入できる"という点があげられます。団信とは、住宅ローンの債務者が死亡した場合や、高度障害になった場合に保険金が支払われ、その保険金で住宅ローンの残債が返済される保険です。連帯債務の場合、団信に加入できるのは主たる債務者となる1人だけですから、これはペアローンを組む大きなメリットといえるでしょう。

　団信に加えてメリットとしてあげられるのが、夫婦それぞれで住宅ローン減税を受けることができる点です。ただし、住宅ローン減税を受けるためには、一定の要件を満たす必要があることには留意が必要です。

▶ 家計における「働き手の変化」がペアローンを後押し

　若い世代を中心に定着してきているペアローンですが、その背景には共働き世帯の増加や、住宅費用を夫婦で「応分に負担しようという意識」と「負担できる環境」が進んだことが考えられます。

　総務省の統計データをみると（【図表4－8】）、40年前（1983年）の共働き世帯数は専業主婦世帯数の約7割でしたが、30年前（1993年）に初めて専業主婦世帯数を上回り、直近2022年では1,262万世帯と専業主婦世帯数の2.3倍に達しています。

　内閣府による女性が職業を持つことに対する意識についての2019年の調査では、「子どもができても、ずっと職業を続けるほうがよい」の割合は男

図表 4-8	専業主婦世帯数と共働き世帯数の変化（1983－22年）		
	①専業主婦世帯数（万世帯）	②共働き世帯数（万世帯）	③＝②／①
1983年（昭和58年）	1,038	708	0.68
1993年（平成5年）	915	929	1.02
2022年（令和4年）	539	1,262	2.34

（出所）　総務省統計局「労働力調査特別調査」「労働力調査（詳細集計）」をもとに三井住友トラスト・資産のミライ研究所が作成

女ともに6割前後まで上昇してきています（内閣府「男女共同参画社会に関する世論調査」（令和元年））。

　また、総務省の統計データ（「労働力調査（基本集計）」）から2021年における女性の年齢階級別労働力率（M字カーブ）をみてみると、25-29歳が86.9％、30-34歳が79.4％と以前よりもM字カーブの底が浅くなってきています。こういった「世帯における働き手の意識と環境の変化」がペアローン需要を支えていると分析しています。

▶ ペアローンの留意点（デメリット）とは？

　ペアローンの利点（メリット）として

➢借入額を大きくできることで物件の選択肢が広がる

➢住宅ローン減税の要件を満たした場合、それぞれの住宅ローンにおいて住宅ローン減税が適用できる

➤契約が別々となることから、金利タイプ（固定・変動など）、返済方法
（元利均等・元本均等など）、返済期間などを個別に選択できる
といった点があげられます。

一方で、ペアローンの留意点（デメリット）も点検しておきます。

これも箇条書きでまとめてみると

➤収入2人分を前提として、借入額が膨らみやすい

➤事務手数料などの費用負担が高くなる（それぞれにローンを設定すること
から、事務取扱手数料、印紙税、保証料、抵当権設定費用などがそれぞれの
契約ごとに発生する）

➤家計収入などが大きく減少したときの返済が厳しくなる

➤ペアを解消（離婚・死亡など）した場合のローン返済が厳しくなる（想
定通りにいかなくなる）

といった点が指摘できそうです。

通常、ペアローンは「共働き世帯」で利用されますが、20年、30年と
いった遠い将来にわたって「共働き状態」が継続することが前提になってい
ます。「子育て」や「転職」といったライフイベントが発生し、パートナー
の収入が大きく減少した場合でも、ローン返済は続きます。ペアローンに取
り組むにあたっては、想定外のことが生じても返済を継続できるかどうか、
という点を当事者のライフプランやキャリアプランのなかでしっかり検討し
ておくことがとても大切です。

例えば、将来においてペアを解消（離婚など）することになった場合の選
択肢は、「住宅を売却する」と「所有を続ける」に大別できますが、購入し
た住宅が共有名義の場合、住宅を売却するにはパートナー双方の「売却同
意」が必要になります。片方が売却を拒否する場合は、売却ができません。
双方が売却に同意した場合でも、「物件売却してローンを完済する」が可能
であればよいのですが、債務が残るケースでは、返済が困難になることもあ
ります（オーバーローンといいます）。

　ペア解消後も2人で所有を継続し、それぞれローンを返済していくという選択肢もあります。しかし、引き続き「自身が債務者」であり、かつ「元パートナーの連帯保証人」である状態が継続することに留意が必要です。もし元パートナーの返済が滞った場合、2人分の返済を求められることも想定しておくべきです。

▶「ペアローン向きの世帯・不向きの世帯」とは？

　ペアローン向きの世帯の特徴をあげるとすると

　✓夫と妻のどちらも安定的で十分な収入がある

　✓ローン完済までは共働きの予定が立っている

　✓今後ライフプランが大きく変わる予定がない

　✓十分な生活防衛資金を確保できている

というところでしょうか。職種・資産状況・ライフプランが安定しており、万が一のトラブルにも対応できる可能性が高い世帯に向いています。

　一方で、ペアローンに向いていない世帯の特徴としては、

　✓夫と妻のどちらか一方の収入が不安定である

　✓今後ライフプランが大きく変わる予定がある

　✓十分な生活防衛資金を確保できていない

などがあげられます。ペアローンは、万が一のときの返済リスクが高い借入れなので、返済計画がしっかりと見通せない世帯には「ペアローンは不向き」だといえます。

　「インフレーションの時代」を迎え、住宅価格が過去最高を更新している昨今、「『ずっと2馬力』が前提」の計画だけでなく、「2馬力から1馬力へ」の変更が生じても返済ができる借入額で住まいの購入を検討すること、言い換えると「夢と希望の物件ファースト」ではなく「安定的な返済ファースト」で『持ち家』を考える、こんなスタンスが重要になってきているといえるでしょう。

寄り道コラム④

団体信用生命保険（団信）のユニークな特徴とは？

　住宅ローンを組む際、借入れの条件として加入するのが「団体信用生命保険」、いわゆる「団信」です。団信には、あまり知られていない特徴もあります。団信のメリットや留意点を点検してみます。

▶ 団信とは？

　団信は、住宅ローンの返済中に契約者が亡くなった場合や高度障害を負った際に、保険会社がローン残債の返済を肩代わりしてくれる住宅ローン専用の保険です。不測の事態が発生した際に、契約者家族が経済的に困窮しないようにすることを目的としています。

　通常の生命保険と違って、団信は「保険料」として住宅ローンとは別に支払うのではなく、住宅ローン金利に上乗せする形で支払うケースが多く（一般的に0.1～0.4％程度の金利がローン金利に上乗せされる）、それゆえ、時がたつに従って、団信に加入している認識が薄くなる契約者も多いようです。

▶ 団信の形態は？

　主に３つの形態があります。

　通常の団信は、ローン契約者が死亡あるいは高度障害状態になったときに残債が完済されます。三大疾病特約付き団信は、上記に加え「三大疾病（がん、脳卒中、急性心筋梗塞）にかかって所定の状態」になったときに残債が完済される仕組みになっています。八大疾病特約付き団信は、さらにローン契約者が「五疾患（糖尿病、高血圧症、肝硬変、慢性膵炎、慢性腎不全）にかかって所定の状態」になったときにも残債が完済されます。

▶ 団信のメリットは？

　団信のメリットをあげてみます。

　① ローン契約者が死亡した時、ローン返済義務がなくなる

　② 相続人には所得税の納税義務がない

　残債がなくなると、契約者に「利益」が生じるように思いますが、契約者は死亡しており、相続人にローン債務が承継される前に残債は肩代わり返済されるので、相続人に対する所得税の課税関係は生じません。

▶ **留意点は？**

留意点としては以下のようなことがあります。

① 病気の既往歴・持病によっては加入できない

一般的な生命保険ほどは厳しくありませんが、団信も契約者の健康状態、持病や既往歴によって加入できないケースがあります。その場合には、民間の生命保険への加入が代替策となります

② 加入後、契約内容を変更できない

団信に加入したあとは、特約の解除や追加、契約内容の変更ができないケースが多くなっています。団信加入時には保障範囲が適切かなどについて十分な点検が必要です。

▶ **拡充されつつある団信**

最近の傾向として、共働き世帯のペアローンによる住宅購入が増加してきています。首都圏では新築分譲マンション購入者の約3割がペアローン利用だといわれています。

ペアローンとは、住宅購入時に夫婦などが別々にローン契約を結び、互いにローンの連帯保証人になる住宅ローンのことです。ペアローンの場合でも各々のローン契約は団信加入が条件となっていますが、万が一、パートナーの片方が亡くなられた場合、団信によって残債が返済されるのは、亡くなられた契約者のローン契約についてのみです。

こういった状況に対して、新たな団信を提供する生命保険会社も出てきています。新たな団信は、いずれか1人が亡くなった場合などに両者の債務残高の合算額を保障する内容です。具体的には、ペアローン契約者のいずれか1人に死亡などの事態が発生した場合に、両者のローン債務残高が保険金によって完済されます。今後、団信の契約も多様化していくものと思われます。

3 「借入額」を減らす方法。「親に支援を仰ぐ」もアリではないか？

　前節までで、住宅ローンについて、「返済できる『返済額』にするにはどうすればよいのか」をみてきましたが、ここでは、そもそも論になるのを承知で「借入額自体を減らすには？」を考えてみます。「減らせないから苦労しているのである！」という声が聞こえてきそうですが、ここではいったん、「自力・自助」での住まい購入に「周囲からの支援もアリ」という視点も含めてみていきたいと思います。

▶ 自宅保有者は「江戸っ子気質」なのか？

　東京で生まれた方のことを「江戸っ子」ともいいますが、この「江戸っ子」という言葉が使われ始めたのは18世紀の後半、田沼意次が権勢を誇っていた時代あたりからだ、という説があるようです。「将軍のお膝元」で生まれ育ったというプライドと美意識を持ち、独自の気風を育んでいたともいわれます。

　その「江戸っ子」の気風について、「江戸っ子気質」という言葉も使われることがあります。具体的には、「宵越しの銭は持たない」「竹を割ったような性格」などといわれるように、粋でいなせである、さっぱりしている、金銭への執着が薄い、などのプラスの面とともに、喧嘩っ早い、見栄っ張り、意地っ張り、頑固という面もあったようです。

　もしかすると、「令和の自宅保有者」のみなさんは（どこにお住まいかは関係なく）、見栄っ張り・意地っ張りという点で「江戸っ子気質」を持っているかもしれません。というのも……。

▶ 自宅保有者の3分の2が「親族からの金銭支援ゼロ」？

　実は、ミライ研は独自アンケートにおいて、自分のお金で自宅を購入した

図表
4-9

住宅購入時における親族からの支援の有無

	回答者数	ゼロ （支援なし）	1割くらい 支援を 受けた	2割くらい 支援を 受けた	3割くらい 支援を 受けた
全年代	3,073	66.2	14.4	6.0	5.6
18−19歳	8	0.0	0.0	0.0	25.0
20−29歳	129	51.2	14.7	13.2	8.5
30−39歳	351	64.7	15.4	7.1	5.4
40−49歳	700	64.0	15.1	6.1	7.4
50−59歳	863	67.7	13.3	4.8	5.4
60−69歳	1,022	69.6	13.9	5.8	4.1

（注）　表内年代は、アンケート回答時における回答者の年齢。選択肢「わからない、忘れた」
　　　を除く。
（出所）　三井住友トラスト・資産のミライ研究所「住まいと資産形成に関する意識と実態調査」
　　　　（2023年）

4割くらい 支援を 受けた	5割くらい 支援を 受けた	6割くらい 支援を 受けた	7割くらい 支援を 受けた	8割くらい 支援を 受けた	9割くらい 支援を 受けた
1.4	3.9	0.6	0.6	0.5	0.8
25.0	0.0	0.0	0.0	0.0	50.0
7.0	1.6	1.6	0.0	2.3	0.0
1.1	4.6	0.0	0.9	0.0	0.9
1.4	3.9	0.1	1.3	0.1	0.4
1.4	3.5	1.3	0.3	1.2	1.2
0.7	4.4	0.2	0.4	0.2	0.8

Chapter

4

住宅価格の高騰がもたらす新たなローン事情

人（3,753人）に対して「住宅を購入したとき、親族など（実父母・義父母・祖父母）から受けた金銭面の支援の有無」と、支援を受けた人には「物件購入金額の何割くらいを支援してもらったか」を尋ねています。

　結果は（「わからない・覚えていない」の回答分を除いて集計）、全体では「何らかの支援を受けた」が33.8％、「支援を受けなかった」が66.2％となりました（【図表4－9】）。令和の時代では、自分で住宅を購入した人の3分の2は親族からの支援を受けてない、という状況がわかりました。自宅保有者が、「べらぼうめ！　支援は欲しいが、簡単に親に頼るような野暮なことはしたくねぇのだ」と思っているとしたら、もしかすると「意地っ張り」という江戸っ子気質の表れかもしれません。

　年代別にみてみると、20代の「支援を受けた」割合は他年代よりも高く、「若い世帯を支えよう」という周囲の気持ちを窺わせる結果が出ていますが、30代以降の年代では「親族支援を受けていない」の割合が約3分の2を占めていることがわかります。

　「自分の住まいは自分の力で」「親に迷惑はかけられない」という「自助・自立」の想いが背景にあることは間違いないと思いますが、本音では「親から援助してもらいたい」と思っていても、数百万円単位のお金を無心することに抵抗を感じて言い出せなかった方も、相当数存在するのではないか、と思います。

　確かに、親族の間とはいえ、高額のお金のやりとりになることから、気を付けないとどちらかが不信感を持ったり、もめ事になったりすることもありますから、「慎重」にならざるをえないと思います。具体的に平均的な援助額についてみていきましょう。

　（一社）不動産流通経営協会の2022年度の調査では、首都圏1都3県で住宅購入時に「親からの贈与」を受けた世帯の平均支援額は、新築の場合は998万円、中古住宅の場合は662万円となっています。割合としては物件価格の15％前後の資金を親から援助してもらっているといえそうです。住宅

種別でみると、注文住宅を購入する際に支援を受けるケースが多い傾向があります。費用負担が多いほど、支援を求める傾向があるようです。

▶ 親しきなかにも「税金」あり。気を付けたい「贈与」のルール

　住宅購入時に親族から資金援助を受けるときは、税金面でどうなるのかを事前に確認しておくべきです。親や兄弟姉妹など近しい関係であったとしても、資産を受け取る場合は贈与税がかかるのが原則です。

　ただし、住宅購入に対する支援に関しては一定額までは非課税になる「特例」があります。支援してもらう金額を非課税の内枠で支援してもらうのか、贈与税を支払っても非課税枠以上の支援をしてもらうかは慎重に検討するべきです。

　贈与税の非課税措置ですが、家族間であっても財産をもらうときは贈与税の対象になります。しかし、年間で総額110万円以内であれば、基礎控除額の範囲内となり贈与税はかかりません。

　さらに、住宅購入や増改築のために親や祖父母からお金を援助してもらう場合は、「住宅取得等資金贈与の非課税特例」を適用できるため、非課税枠が500万円追加されます。したがって、住宅の購入時に親から援助を受ける場合は、基礎控除額の110万円と特例の500万円を足して、610万円までであれば税金を支払う必要はありません。

　また、設備が「耐震」「省エネ」「バリアフリー」の機能面で一定の基準を満たす住宅に関しては、別途非課税枠が追加されます。上記の機能の要件を備えた「良質な住宅」に関しては通常の非課税枠500万円が「1,000万円」に増枠されます。

　この「住宅取得等資金贈与の非課税特例」を受けるときは一定の要件を満たしていなければなりません。主な要件は以下のとおりですが、これ以外にも非課税要件を適用するうえで詳細なルールがありますので、留意が必要です。

●贈与者が直系の尊属である

●贈与を受ける方が18歳以上である

●贈与を受けた金額をすべて住宅用の資金に使用している

●購入する住宅の床面積が40平方メートル以上240平方メートル以下であり、かつ床面積の２分の１以上に相当する部分が受贈者の居住の用に供される

> （注）　上記は2024年１月現在の内容を記載。現行制度の適用期限は３年間延長され、2026年12月31日までとなっている。

▶ 『長く細く』『より低く』『１馬力でなく２馬力で』、少し戻って『周りからの支援』も

　本章では、「高騰し続ける住宅価格」とそれに伴い膨張しつつある「住宅ローンの借入額」の推移を確認しました。そして、借入額増加への対抗策として、①ローン返済期間の長期化（『より長く、より細く！　作戦』）、②変動金利の選好（『借入れが大きいからこそ金利はより低く！　作戦』）、そして若い世代を中心に『対抗策の新機軸』として利用が増えてきている、③ペアローン（『１馬力でなく２馬力で！　作戦』）をみてきました。

　そして最後に、「それでもやっぱり返済が厳しくなりそう」「うちはペアローンには向かない」など「住宅購入自体の見直し」に戻ってきた場合に、「周りからの支援」も含めて「借入額自体を減らす方策」を考えてみました。こういった支援を受けるためのスマートな方法について確認しておくことで、住宅購入の際の援助をお願いしやすくなるのではないかと思います。

　日本の大きな社会課題として「少子化問題」がありますが、これを「一人っ子のメリット」的にとらえて「世代間の扶助」に期待することも「人生100年時代」の新常識と考えてよいかもしれません。

寄り道コラム⑤

親からの資金援助は3つあり！
〜贈与・借入れ・共有〜

　住宅取得の資金計画において、親から資金援助を受ける具体的な方法として、「贈与」「借入れ」「共有」の3つがあります。このうち「贈与」は本文中で解説していますが、「親からの借入れ」「親との共有」についても、それぞれにメリットや注意点があります。ポイントをしっかりと確認して、どの方法を選択するかを比較検討することが大切です。

▶〈親からの借入れ〉〜金利を設定し、きちんと返す

　親からお金を借りるメリットとして、親子間の借入れなら土地や建物を担保提供する必要がない点や、借入れの条件（借入金利や返済期間など）を比較的自由に決められる点があげられます。

　ただし、親から借りる場合は、必ず「借用書」をつくるようにしてください。「あるとき払いの催促なし」では、贈与と見なされてしまう可能性があるからです。きちんと借用書をつくって、「いくらを、いつまでに、どのようにして返すか」を明らかにしておくのです。そして、銀行振込などを利用して、返済している証拠を残しておくことが大切です。

　さらに、借入金利も必ず設定しなければなりません。金利水準は、一般の金融機関等の住宅ローン商品を参考にしながら、そのうちの最低水準あたりで決めても問題ないと思いますが、金利をゼロにしてしまうと、贈与と見なされる可能性が出てきます。実際に借用書をつくる際には、最寄りの税務署などに行って、問題のない借入条件になっているかどうかを相談してみるとよいでしょう。

▶〈親との共有〉〜親が出してくれた金額に応じて持ち分割合を登記

　親との共有は、親と自分とで「共同で住宅を購入する」という方法です。親が支払ったお金に応じた住まい（土地や建物）の持ち分割合をきちんと登記して、1つの住宅を親子で共有する形です（住宅を共有するだけなので、必ずしも親と同居する必要はありません）。

　共有のメリットは、贈与の問題が生じないように、きちんと資金負担に応じた持ち分割合を登記しておけば、親の負担額がどんなに多くても、贈与税はか

からない点です。

　ただし、注意点としては、親も住宅の一部を取得することになるので、親にも不動産取得税がかかってきたり、毎年、持ち分に応じた固定資産税や都市計画税などの負担が必要になったりする点があげられます。また、将来、親が亡くなって相続が発生した際には、親の持ち分を相続する形になります。子どもが複数人いる場合は、その持ち分を巡ってもめてしまう可能性がないとはいえませんので、共有を検討する場合は、きちんと家族で話し合ったうえで決める必要があるでしょう。

停留所 ❶

人生100年時代における
「3世代同居」について考えてみました

◆ 令和のライフスタイルは大きく変化。各世代の家計は自己責任へ

　WHO（世界保健機関）では国の高齢化率が21%以上となった国を「超高齢社会」と定義しています。日本は2007年に超高齢社会に仲間入りし、2023年の総務省調査では29.1%となり、世界で一番の高齢者人口割合になっています（2位はイタリアで24.5%、3位はフィンランドで23.6%）。

　日本が特徴的なのは、金融資産保有状況を年齢別に見た場合、高齢者の資産保有割合が著しく高いことです。

　金融庁が2019年6月に公表した金融審議会市場ワーキング・グループ報告書「高齢社会における資産形成・管理」においても2014年時点で金融資産の約3分の2を60歳以上が保有しており、2035年にはその比率は約7割に達するという推移見込みが示されています（【図表❶-1】）。

図表❶-1　金融資産の年齢階級別割合の推移見込み

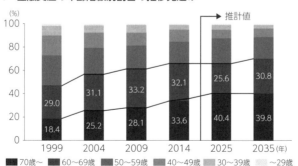

（出所）　総務省統計局「全国消費実態調査」、国立社会保障・人口問題
　　　　研究所「日本の世帯数の将来推計（全国推計）」（2018（平成30）
　　　　年推計）より金融庁作成

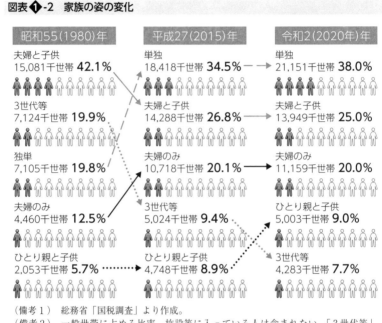

図表❶-2　家族の姿の変化

（備考1）　総務省「国税調査」より作成。
（備考2）　一般世帯に占める比率。施設等に入っている人は含まれない。「3世代等」
　　　　　は、親族のみの世帯のうちの核家族以外の世帯と、非親族を含む世帯の合算。
（備考3）　「子」とは親族内の最も若い「夫婦」からみた「子」にあたる続柄の世帯員で
　　　　　あり、成人を含む。
（出所）　内閣府男女共同参画局「男女共同参画白書　令和4年版全体版」より引用

　一方、日本の世帯構造をみてみますと、内閣府の調査（【図表❶－2】）で
1980年時点と2020年時点の世帯構造の変化がまとめられていますが、単独世帯
割合の大幅増（19.8％⇒38.0％）と並んで、3世代同居世帯割合の大幅減
（19.9％⇒7.7％）が特徴的です。この40年で3世代世帯割合は12％ポイント以
上減少し、その分、単独世帯や核家族世帯が増加していることがみてとれます。
　個人のライフプランやマネープランにおいても、昔の「親の面倒は（同居し
家計も一にして）子がみるのが当然」から、「親の面倒は親世帯で自己完結、自
分の世帯家計は自身で自己完結」という形への変化が生じていると思われま

す。結果、世代をまたいだ補完関係は希薄化していると思われ、それは「各世代が自身の家計に責任を持つ」ことが重要になってきている背景の1つと考えられます。

◆ 3世代同居世帯と核家族世帯の特徴

　従来は主流であった3世代同居世帯と、現在、比率が増えてきている核家族世帯をライフイベントの特徴を軸に比較して眺めてみたのが【図表❶－3】です。

　従来の3世代同居世帯では、第1世代においては結婚、住宅購入、子どもの教育、子どもの独立、リタイア、シニア生活といった「典型的なライフイベント」が現れてきます。ところが、第2世代では（世帯同居を前提としていますので）第1世代では若年期の一大イベントであった「住宅購入」が生じません（とはいっても戸建て等であればリフォームや増築といったイベントは想定されます）。その分を資産形成や子どもの教育費、自分の老後資金に充てることが可能となります。昔の平均寿命は70歳代でしたので、第3世代（孫子世代）が成人し結婚するころには、第1世代から第2世代への家計上の世代交代が完了しており、実質的に第2世代が第1世代に繰り上がり、第3世代は結婚後、子どもの誕生、住宅建替えといったライフイベントに向かっていきます。第1世代は「住宅（土地・家屋）の購入」でしたが、第3世代は「家屋の建替え」で済み、資金負担は軽くなります。

　このようにみていくと、従来型の3世代同居世帯は、完全に生計を一にしていないにしても、ライフイベントの出現時期が時間的にずれることが多いため、各世代の家計におけるキャッシュフローや資産形成進捗度に応じて、余裕のある世代から余裕がなくなってきた世代へと世代間で金銭面の不足を補い合えることが特徴といえます。特に現役世代の一大イベントである「住宅購入」の費用負担について、第2世代以降は比較的小さな負担で乗り越えることがで

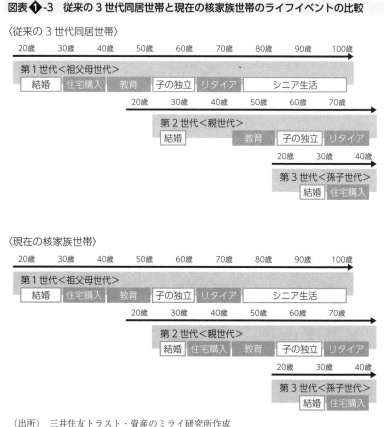

図表❶-3　従来の3世代同居世帯と現在の核家族世帯のライフイベントの比較

〈従来の3世代同居世帯〉

第1世代＜祖父母世代＞
結婚　住宅購入　教育　子の独立　リタイア　シニア生活

第2世代＜親世代＞
結婚　教育　子の独立　リタイア

第3世代＜孫子世代＞
結婚　住宅購入

〈現在の核家族世帯〉

第1世代＜祖父母世代＞
結婚　住宅購入　教育　子の独立　リタイア　シニア生活

第2世代＜親世代＞
結婚　住宅購入　教育　子の独立　リタイア

第3世代＜孫子世代＞
結婚　住宅購入

（出所）　三井住友トラスト・資産のミライ研究所作成

きる点は、資産形成の観点からメリットといえるでしょう。

　これに対し、核家族世帯が中心となった現在においては、各世帯は物理的にも家計的にも前の世代から独立することから、各世代のなかでそれぞれ「人生の3大イベント（住宅取得・教育費・老後資金準備）」が生じてきます。特に世代が第2、第3と下っていけばいくほど、「人生100年時代」の本質である「長寿化」が進行すると思われますので、老後資金準備の負担額は前の世代より

も大きくなっていくことが予想されます。「各世代で自己完結的にライフイベントに対して資産形成を図らねばならない」というのが現在の核家族世帯中心の時代における基本原則だと思われますが、このように考えていくと、「従来型の3世代同居世帯」のほうがマネープラン的には安心できたのではないか、という思いも湧き出てきそうです。

◆ 安心できるミライに向けた世代間扶助を金融面で支える信託機能

地方から都市部への人口集中傾向や個人のプライバシー概念の変化などを考えると、かつてのような3世代同居型の家族構成の復活は難しいと思われます。また、ライフスタイルの多様化の進展で、今後、単身世帯数が増加していき3世代同居世帯の比率がさらに減少することも想定されるなか、今から『サザエさん』の磯野家モデルを目指しましょう、といっても現実的ではないと思われます。

一方で、従来の3世代同居世帯での家計・金融面での扶助機能を活用することはできないのでしょうか。この観点から3世代同居世帯における「世代間の支援機能」を考えてみます。

まず、世代から次の世代への資産の移転機能があります。例えば、第1世代が取得した住宅に第2、第3世代が住み続けることで、第2、第3世代における生涯の住居費の節約が可能となり、その分、第2、第3世代の資産形成が助長されます。第1世代終了時に「相続」という形で次世代へ資産移転するケースも多くありますが、その前に先んじて資産移転を世代間で行っているともいえそうです。これには、下の世代が子どもの教育費で困っているときには、上の世代が金銭面の支援をする、ということも含まれます。

また、第1世代がシニア世代となり、徐々に判断能力や身体機能が低下してきたときには、同居している第2世代や第3世代が第1世代に代わってお金の管理をしたり、介護をしたりしていました。こういう意思決定能力や資産管理能力をサポートする機能も3世代同居世帯で発揮されていた機能といえます。

　こうして考えてみると、物理的には「３世代同居」の復権は難しいかもしれ
ませんが、かつて発揮されていた機能は、核家族世帯や単身世帯が増加してい
る現在においても、やはり必要だと思われます。金融面でこのような機能の発
揮を可能にするものとして利用が増えてきているのが「信託」という法制度で
す。「信託」は、そこにある財（ザイ：資産として価値のあるもの）に対する所
有者の「想い」をその運用や管理において反映することができるスキームで
す。世代をまたぐ住宅取得費用や教育費用の支援、相続時のスムーズな資産移
転、認知症など自身の意思決定能力などが低下してくることに対する準備な
ど、様々な目的に応じて「信託」を活用することができます。

　信託銀行は、日本の社会の多様化が進むなかで、以下に掲載する各種信託
サービスを提供し、個人の方々が「こうありたい」と思うライフプランを実現
するサポート機能を担っています（【図表❶－４】）。

　今後、信託の「世代をつなぐ資産移転機能」の活用による「世代間の扶助」
が進み、「資産管理機能」の利用による認知能力の低下時への備えを整える取組
みも広がっていくと思われます。

　2022年は、日本における信託法の制定から100年目となる節目の年でした。

図表❶-4　個人向けの信託サービス（サービスの一部を参考として例示）

世代をつなぐ資産移転機能	特定贈与信託、教育資金贈与信託、結婚・子育て支援信託、暦年贈与信託
資産管理機能	任意後見支援信託、後見制度支援信託、民事信託、手続代理機能付信託
遺言機能	遺言信託、遺言代用型信託
寄付・社会貢献	特定寄付信託、公益信託

（出所）　三井住友トラスト・資産のミライ研究所作成

次の100年に向けて、信託および信託銀行がより多くの方々に利用されることで、家計の金融資産が、その世代から、ミライの社会の担い手となる「次の世代」「その次の世代」へと、上手に、かつ円滑に引き継がれ、受け継いだ世代において「人生100年時代におけるマネープランの原資」として大いに活用されていくことを期待するものです。

Chapter 5

ライフイベントと
「資産形成」は
"切っても切れない関係"？

1　お金の不安で五里霧中……「住まい」？「教育」？「老後生活」？

▶ 住宅ローン返済中の夫婦の会話は刺激的？

　近年、各家庭におけるライフプランやマネープランについての調査やレポート、メディアの記事やコラムの数がとみに増えてきていると思います。特に老後資金不足をテーマとした小説や映画まで登場していることから、普段の暮らしのなかで資産形成を意識し、老後資金不足を不安に思う方の比率が増えてきているのではないか、と考えています。

　最近、「いいね！」の高評価が多く付けられたコンテンツを見かけましたので、紹介いたします。読み物風の連載コラムで、住宅ローン返済中の40代のご夫婦（XさんとYさん）が主人公なのですが、おおよそこんな会話だったと思います。

（夕食が終わったあとのリビングルームで）

Xさん　　やっと今年で我が家の住宅ローンも折り返しだね。30年ローンだったからあと半分、15年か。去年、うちの会社の定年年齢が65歳に引き上がったので、コツコツ返済していけば定年までには完済できそうだね。

Yさん　　お疲れ様でした。あと半分頑張れば、正真正銘の「マイホーム」になりますね。でも、いよいよ来年から上の子は高校だし、下の子も塾に通わせないと。いろいろ出費は嵩みそうですが、頑張りましょうね。

Xさん　　そうだね。今後は健康にも留意して働かないとね。「無事これ名馬」ともいうからな。

Yさん　　そうですよ。再来年あたりに車も買い替え時が来るし、子どもたちの大学入学や高校受験の準備もしておかないと。

Xさん　　そういえば、受験や入学のお金は、ずいぶん前から学資保険に
　　　　　入っているので、少しは足しになると思うよ。

Yさん　　うれしいわ。やっぱり何事にも「準備」は必要ね。でも、最近、
　　　　　ニュースで見たけれど、１世帯あたりの老後資金としてリタイア時
　　　　　に2,000万円は必要だといってたわ。「老後資金2,000万円問題、老
　　　　　後のお金は大丈夫ですか？」とか。うちは、老後資金の準備、少しは
　　　　　出来ているわよね？

Xさん　　えぇ!?　老後資金って2,000万円もかかるの!?　そうなの!?
　　　　　国からの年金があるから大丈夫さ、と会社のOBの人から聞いたこと
　　　　　があるんだが……そうじゃないのか。実のところ、今まで「ローンの
　　　　　返済」を最優先にしていたので、ローン返済のめどがついたら次は教
　　　　　育資金、その次ぐらいに「老後資金」を考えればいいかな、くらいに
　　　　　思っていて……。

Yさん　　ということは、もしかして、老後資金の準備は……。

Xさん　　うぅ、「これから」かも。

Xさん・Yさん（声をそろえて）　　老後のお金が足りません！！

▶ 令和のライフイベントのお値段は？

　40代のご夫婦の会話に耳を傾けてみましたが、長年返済し続けてきた住
宅ローンが返済の折り返しを迎えたことを２人で喜ぶ、という流れだった
のに、そのうち、今後の教育費用の心配、そして老後資金準備に話がおよぶ
につれ、不穏な空気が漂ってきました。

　いったい、何が問題だったのでしょうか。

　まず、個人の生涯におけるライフイベントで「費用的に大きなもの」を点
検しておきましょう。

　「住居費用（持ち家・賃貸）」については、第１章の試算では、生涯にかか
る住居費用は首都圏でおおよそ8,200万〜8,300万円という結果でした。

図表 5-1 小学校から高等学校までの教育関連費用

区分	小学校 （6年間）	中学校 （3年間）	高校 （3年間）	合計
国公立	約212万円	約162万円	約154万円	すべて 国公立の場合 **約528万円**
私　立	約1,000万円	約431万円	約316万円	すべて 私立の場合 **約1,747万円**

（出所）　文部科学省「令和3年度子供の学習費調査」

　「教育関連費用」はどうでしょうか。文部科学省の調査によると（【図表5－1】）、小学校から高等学校までの教育関連費用合計の平均は、オール国公立で約528万円、オール私立だと約1,747万円となっており、幅はあるものの「やり繰りをどうするか」を事前に計画しておきたい規模感になっています。

　そして、真打ちは「老後生活費用」です。先ほどのご夫婦の会話だと「老後資金」といっていましたが、少し注意が必要です。本章では、リタイア後の生活費を中心としたコストを「老後生活費用」、リタイア開始時に（公的年金以外に）自助努力で準備しておきたい老後用の金融資産を「老後資金」と定義して話を進めていきたいと思います。

▶ 老後資金2,000万円問題、改めて考えてみると？

　先ほどの会話でも、Ｙさんから「老後資金2,000万円問題」について不安げなコメントがありましたが、現在、老後資金への関心が高まっている背

景として「老後資金2,000万円問題」の果たした役割はとても大きかったといえるでしょう。

　2019年6月に金融庁の金融審議会「市場ワーキング・グループ」から金融担当大臣宛てに1本の報告書が提出されました。「高齢社会における資産形成・管理」というタイトルで、金融庁が初めて国民一人ひとりに向けて作成した報告書でした。その内容は次のとおりです。

① 人生100年時代において老後資金は各々の収入・支出の状況やライフスタイル等によって大きく異なる。当然不足しない場合もありうるが、これまでより長く生きる以上、いずれにせよ、今までより多くのお金が必要となり、資産寿命を延ばすことが必要になる。

② 自らがどのようなライフプランを想定するのか、そのライフプランに伴う収支や資産はどの程度になるのかについて、自分自身の状況を「見える化」したうえで、対応を考えていく必要がある。

③ 公的年金制度は老後生活の柱ではあるものの、自身の望む生活水準に照らして不足するのであれば、個人の自助による資産形成、長期・分散型の資産運用が重要になってくる。

　次のような1節があったことから、報告書はテーマの重要性以上に注目されることにもなりました。

　総務省統計局の家計調査報告（家計収支編）平成29年（2017年）によると、高齢夫婦無職世帯（夫65歳以上、妻60歳以上の夫婦のみ無職世帯）の1ヶ月の収支は以下のような水準である。

　A　　：　1ヶ月の平均収入　　　　約20万9,000円
　B　　：　1ヶ月の平均支出　　　　約26万4,000円
　A－B：　1ヶ月の平均不足額　　▲約5万5,000円

　つまり、毎月「約5万5,000円の赤字」となっているので、仮にこの収支状態が65〜95歳までの30年間継続した場合、単純計算で約

2,000万円（＊）が不足となる。
 （＊）　▲5.5万円／月　×　12ヶ月　×　30年　＝　▲1,980万円

　これに対して「老後生活を賄うには公的年金だけでは足りないのではないか？」と不安視する声もあがったことから、麻生財務大臣（当時）が本報告書の受け取りを拒否する事態に至りました。

　このため、本報告書は、公的年金を受け取ることを前提としつつも、自身が保有する金融資産から取り崩して「老後生活の補い」としなくてはならないのだ、という「老後資金不足への警鐘」としてメディアによって大きく取り上げられました。「うちは大丈夫か？」「資産形成しなくちゃ！」と、とりあえず貯金通帳を引っ張り出して残高確認をした人も少なくなかったと思います。

▶「老後資金、実は不足していないかも？」問題
　確かに報告書には「不足額の総額は単純計算で2,000万円になる」との記載があるものの、併せて「高齢夫婦無職世帯の平均純貯蓄額は2,484万円ある」とも書かれています。つまり、高齢夫婦の平均像は、蓄えの範囲で生活をしているということであり、「生涯プランに破綻はない」という点も示唆されています。

　さらに、コロナ禍などを挟み、家計の収支も変わってきています。報告書のデータ時点は2017年でしたが、同じく「家計調査報告（家計収支編）」の2021年データをみてみると、65歳以上の夫婦のみ無職世帯の家計収支は、以下となっています。
　　A´　：　１ヶ月の平均収入　　　　約23万7,000円
　　B´　：　１ヶ月の平均支出　　　　約25万5,000円
　　A´－B´：　１ヶ月の平均不足額　　▲約１万8,000円

不足分は約1万8,000円で、2017年時点と比較すると、不足額は3分の1程度に縮まっています。これであれば、報告書のモデルケースと同じように収入のない期間が30年継続したとしても累計不足額は648万円ですので、リタイア時の資産形成の目標として「達成できそうな額」に感じられます。

　こうして点検してみると、「老後資金は2,000万円ないとダメ！」と思い込まなくてもよさそうです。2,000万円という金額は、あくまで目安にすぎないといえるでしょう。

　しかし、自分自身にとって必要な「老後資金や老後生活費用」をしっかりと認識している方々はどれくらいいるのでしょうか？

▶「老後資金への不安」の原因は「大切な数字」をわかっていないから？

　こういった疑問に答えるべく、ミライ研では、2023年1月に実施した「住まいと資産形成に関する意識と実態調査」において、各年代のお金に関する不安について尋ねています。

　結果は、どの年代でも「老後資金」に関する不安が、他の不安項目を大きく引き離して第1位となっていました（【図表5-2】）。

　ミライ研では、この「不安」の中身についての解像度を上げるべく、「不安」を構成する要素を

　「（リタイア時の）老後資金」＝「老後の生活費総額」－「老後の収入総額」

と分解し、各項目について調査してみました。

リタイア時に準備しておきたい 老後資金	＝	老後の 生活費総額	－	老後の 収入総額
				①公的年金 ②勤め先からの退職金・企業年金 ……その他

89

お金に関する不安（複数回答可）

(%)

	回答者数	老後資金	介護・医療費	収入の減少	インフレ（物価の上昇）	困っていないが漠然と不安だ
全年代	11,190	52.3	29.9	30.0	24.7	21.0
18－29歳	2,071	46.0	24.9	31.5	25.7	22.9
30－39歳	1,924	57.1	33.1	33.2	29.0	22.0
40－49歳	2,499	55.7	33.5	30.7	26.2	18.9
50－59歳	2,503	56.3	33.6	30.8	21.7	20.5
60－69歳	2,193	45.9	23.6	24.1	21.5	21.1

（出所） 三井住友トラスト・資産のミライ研究所「住まいと資産形成に関する意識と実態調査」（2023年）

　まず、「リタイア時にどの程度の老後資金が必要か」（公的年金のほかに、自分で準備しておく金額）を尋ねてみたところ（【図表5－3】）、全体平均では1,773万円と「2,000万円」に近い金額となりました。各年代の平均額をみていくと18〜29歳は1,308万円ですが、30代では1,716万円、40代で1,773万円と上昇し、50代で1,950万円とほぼ「2,000万円」に到達し、60代は2,111万円となっています。

　しかし、気になるのは、どの年代においても４割から５割の方が「わからない、見当がつかない」と回答していることです。

▶ 将来の生活費はどれくらい？

　また、老後の生活費に関して尋ねたところ、回答者の約半分（47.9％）

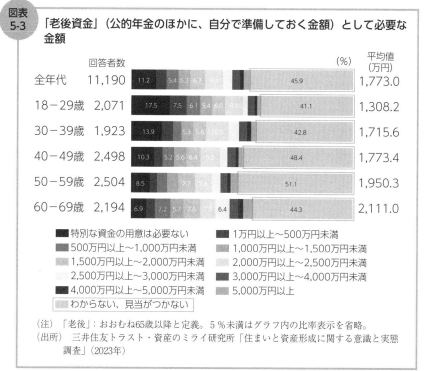

図表 5-3 「老後資金」（公的年金のほかに、自分で準備しておく金額）として必要な金額

	回答者数	(%)	平均値（万円）
全年代	11,190	11.2 / 5.4 / 5.3 / 6.7 / 9.4 / 45.9	1,773.0
18－29歳	2,071	17.5 / 7.5 / 6.1 / 5.4 / 6.0 / 8.1 / 41.1	1,308.2
30－39歳	1,923	13.9 / 5.3 / 5.8 / 10.5 / 42.8	1,715.6
40－49歳	2,498	10.3 / 5.2 / 5.6 / 6.4 / 9.0 / 48.4	1,773.4
50－59歳	2,504	8.5 / 7.7 / 7.6 / 51.1	1,950.3
60－69歳	2,194	6.9 / 7.2 / 5.7 / 7.6 / 7.8 / 6.4 / 44.3	2,111.0

■ 特別な資金の用意は必要ない　■ 1万円以上～500万円未満
■ 500万円以上～1,000万円未満　　1,000万円以上～1,500万円未満
1,500万円以上～2,000万円未満　　2,000万円以上～2,500万円未満
2,500万円以上～3,000万円未満　　3,000万円以上～4,000万円未満
■ 4,000万円以上～5,000万円未満　■ 5,000万円以上
わからない、見当がつかない

(注)　「老後」：おおむね65歳以降と定義。5％未満はグラフ内の比率表示を省略。
(出所)　三井住友トラスト・資産のミライ研究所「住まいと資産形成に関する意識と実態調査」（2023年）

が「イメージできていない（わからない・答えたくない）」と回答しています（【図表5－4】）。

　リタイアへの意識が高まってくると思われる50歳代においても「わからない・答えたくない」の比率は48.9％とほぼ5割に達しており、年齢が高くなっても、老後生活費を金額でイメージできていない方の比率が減っていかない点が特徴といえます。

　次に、「老後の収入」についての意識をみてみます。老後の収入の柱である「公的年金」について「ねんきん定期便」などで受給月額をイメージして

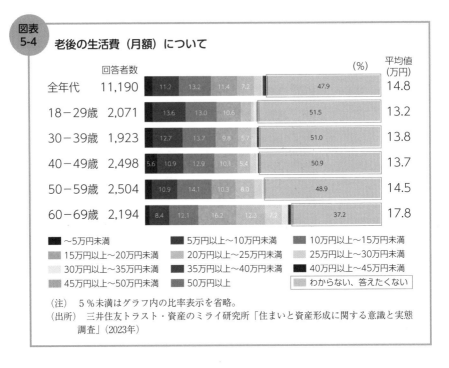

図表5-4　老後の生活費（月額）について

	回答者数		(%)	平均値（万円）
全年代	11,190	11.2 / 13.2 / 11.4 / 7.2	47.9	14.8
18−29歳	2,071	13.6 / 13.0 / 10.6	51.5	13.2
30−39歳	1,923	12.7 / 13.7 / 9.8 / 5.7	51.0	13.8
40−49歳	2,498	5.6 / 10.9 / 12.9 / 10.1 / 5.4	50.9	13.7
50−59歳	2,504	10.9 / 14.1 / 10.3 / 8.0	48.9	14.5
60−69歳	2,194	8.4 / 12.1 / 16.2 / 12.3 / 7.2	37.2	17.8

- ■ ～5万円未満
- ■ 5万円以上～10万円未満
- ■ 10万円以上～15万円未満
- ■ 15万円以上～20万円未満
- ■ 20万円以上～25万円未満
- ■ 25万円以上～30万円未満
- ■ 30万円以上～35万円未満
- ■ 35万円以上～40万円未満
- ■ 40万円以上～45万円未満
- ■ 45万円以上～50万円未満
- ■ 50万円以上
- □ わからない、答えたくない

（注）　5％未満はグラフ内の比率表示を省略。
（出所）　三井住友トラスト・資産のミライ研究所「住まいと資産形成に関する意識と実態調査」（2023年）

いる人が、全体では45％、50歳代では54％を占めました（【図表5−5】）。

▶「退職金・企業年金の支給額」も「知っておくべき大切な数字」

　また、忘れがちですが、企業・団体にお勤めの方にとって「退職金・企業年金」はリタイア後の収入を支える柱の1つです。【図表5−6】のとおり、勤め先の退職金・企業年金について、18〜39歳の約半数が「制度」としては知っており認知度は高いようです。一方で、退職金・企業年金の「支給水準」の認知度は、40歳代までは3割程度、50歳代でも4割程度と高くないことがわかりました。公的年金は「ねんきん定期便」などで個人別に通知されますが、退職金・企業年金に関しては、一般的に事前の個人別の通知

自分が受け取る公的年金の受給月額について（複数回答可）

	回答者数	「ねんきん定期便」や「ねんきんネット」の試算などで、おおよそイメージできている	年金事務所に相談・確認して、おおよそイメージできている	FP（ファイナンシャルプランナー）や金融機関など第三者に相談して、おおよそイメージできている	新聞やテレビ、インターネットの報道ニュースなどで、世の中の平均的な年金受給額は理解している	受給する年金の種類くらいはわかるが、金額まではイメージできない	金額もわからないし、受給する年金の種類もわからない	わからない、答えたくない
全年代	11,190	44.7	4.3	1.6	4.4	15.5	12.4	23.2
18-29歳	2,071	20.8	5.4	4.2	6.3	17.9	28.4	26.0
30-39歳	1,923	31.1	1.7	1.5	4.6	18.9	16.2	30.1
40-49歳	2,498	41.6	1.4	0.8	3.4	19.0	11.1	25.7
50-59歳	2,504	54.2	1.9	1.0	2.9	16.5	7.0	20.2
60-69歳	2,194	71.8	11.5	0.8	5.3	5.2	1.3	15.2

（注）　すでに受給している方は、現在の受給額について回答。
（出所）　三井住友トラスト・資産のミライ研究所「住まいと資産形成に関する意識と実態調査」（2023年）

Chapter

5

ライフイベントと「資産形成」は〝切っても切れない関係〟？

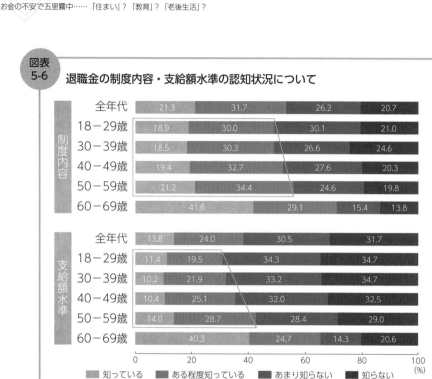

図表
5-6

退職金の制度内容・支給額水準の認知状況について

制度内容

	知っている	ある程度知っている	あまり知らない	知らない
全年代	21.3	31.7	26.2	20.7
18−29歳	18.9	30.0	30.1	21.0
30−39歳	18.5	30.3	26.6	24.6
40−49歳	19.4	32.7	27.6	20.3
50−59歳	21.2	34.4	24.6	19.8
60−69歳	41.6	29.1	15.4	13.8

支給額水準

	知っている	ある程度知っている	あまり知らない	知らない
全年代	13.8	24.0	30.5	31.7
18−29歳	11.4	19.5	34.3	34.7
30−39歳	10.2	21.9	33.2	34.7
40−49歳	10.4	25.1	32.0	32.5
50−59歳	14.0	28.7	28.4	29.0
60−69歳	40.3	24.7	14.3	20.6

■ 知っている　■ ある程度知っている　■ あまり知らない　■ 知らない

	全年代	18−29歳	30−39歳	40−49歳	50−59歳	60−69歳
回答者数	4,155	870	872	1,124	953	336

（注）　回答者は、会社員（一般社員・管理職）、公務員・団体職員。
（出所）　三井住友トラスト・資産のミライ研究所「住まいと資産形成に関する意識と実態
調査」（2023年）

がなされていないことが多いため、支給水準を含めて自ら「調べておく・
知っておく」ことが重要です。

▶「大切な数字」の確認は「自分から」
　ここまでで確認してきたデータなどから、どの世代にとっても「老後資

金」がお金に関する不安のトップになっている原因は、自分自身の「老後資金」を金額ベースで具体的にイメージするために必要とされる「大切な数字」について、十分に認識していないことにあるのではないか、と思われます。必要な情報の取得が簡便に行える環境の整備が求められています。

　今後、国の重要な取組みとして金融経済教育の普及・推進が期待されていますが、「（自分に関する）重要な数字」が何かについて「学び」、その情報を「把握」し、自分自身のマネープランを「計画」していくことはますます重要になってくるでしょう。

ライフイベントと「資産形成」は〝切っても切れない関係〟？

2 「ライフイベントへの取組み」と「資産形成」は両立できるのか？

▶ 必要な「老後資金額」は人それぞれ

　2021年4月に改正・施行された「高齢者雇用安定法」によって、70歳までの就労機会の確保が企業の努力義務とされました。企業人事の領域の大きな変化といえます。これにより企業は、①70歳への定年引き上げ、②70歳まで雇用継続する制度の導入、③定年制の廃止、などの措置を検討していくことになりました。今後、ビジネスパーソンの定年年齢は「65歳」から「70歳定年（もしくは「定年廃止」）」へと移行していくでしょう。

　一方、2019年の日本の最頻死亡年齢（死亡者数が最大である年齢）は、男性88歳、女性93歳です。今後、リタイア年齢が60歳代後半に推移していくとしても、リタイア後、20年以上あるセカンドライフを安心して過ごしていくために、現役時代から、老後生活を含めたマネープランを立てておくことは、ますます重要になってきています。

　前出の【図表5-3】で、ミライ研調べによる「家計（世帯）における『老後資金の必要額全体平均』」は1,773万円でしたが、各年代別の平均は「1,500万～2,500万円」を山のてっぺんとして、なだらかに広く分布していることが確認できました。

　背景として、2000年以降、各世帯の家族構成（既婚／単身）や働き方（共働き／片働き、フルタイム／パート、兼業／副業／フリーランスなど）が多様化してきていることが考えられます。また、今後、各世帯が将来において受け取る公的年金の種別（国民年金、厚生年金）や受給額も働き方の多様化を反映して、バラつきが大きくなると思われますので、「自助努力の老後資金準備額」のバラつきはさらに大きくなると考えています。

　セカンドライフの収入面での支えは、公的年金などの「年金収入」と、自助により準備した資産の取り崩しによる「資産収入」です。「定年引き上げ・雇用延長」により現役時代が延びることで、老後資産を準備する期間が延び、マネープランを実践できる期間も長くなることから、「今から老後資金準備を始めても間に合う」という方々も増加すると思います。しかし、その際にポイントとなるのは、家計面での負債サイド（住宅ローン、教育ローンなど）と資産サイドのマッチング（突き合わせ）管理です。

　ついつい、「資産形成（資産サイド）」に目が行きがちですが、負債サイドへの目配りも必要です。「負債」は「借りたお金」です。「借りたお金は、いつかは返さないといけない」ものですが、収入が増えていく時期であれば、「いつでも返せる」ように思われることから「返済に不安を感じない」と思われます。逆に、収入が減少していく時期においてはどうでしょうか。例えば、「勤労収入」が減り、「年金収入」が生活資金の中心となっていくリタイア後になると、勤労収入が減るだけでも不安なのに、ローンの返済は変わらず続けなければいけないことに「一層の不安を感じる」方も増えてくるでしょう。リタイア時点で持っている金融資産を使って住宅ローンなどの負債を返してしまい、セカンドライフに「スッキリ」と向かいたい、という気持ちが出てくるのは自然だと思います。

　この実態を調査すべく、ミライ研の1万人アンケート調査で、家計でローン（負債）を抱えている方4,409人を対象に、「ローン返済の意識」を尋ねていますが（再掲　図表3−4）、全体では「リタイア前に完済する予定」「現役時代にできるだけ繰り上げ返済」「現役時代に繰り上げ返済し、リタイア時に残債を退職金で一括返済」「退職金で一括返済」の合計で、76.4％という結果になりました（図表内の青枠囲み部分）。4人のうち3人は、「家計の負債は、できる限り現役時代に、遅くともリタイア時の退職金も使って『完済』させたい」という意識が窺える結果といえます。

【再掲】
図表
3-4

ローン利用者の「リタイア時の家計の負債」についての意識

(%)

	回答者数	リタイア前に完済する予定	現役時代にできるだけ繰り上げ返済	現役時代に繰り上げ返済し、リタイア時に退職金で一括返済	退職金で一括返済	リタイア時に保有不動産を使って（住替えなど）返済	繰り上げ返済や退職金での一括返済は考えていない
全年代	4,409	29.8	30.4	10.9	5.3	5.1	18.6
20-29歳	771	27.4	35.4	13.6	3.5	3.9	16.2
30-39歳	881	26.9	35.9	10.9	3.9	6.2	16.2
40-49歳	1,134	33.0	30.4	9.3	4.6	4.9	17.8
50-59歳	922	32.3	25.3	8.6	7.4	6.0	20.5
60-69歳	701	27.4	24.4	13.4	7.8	4.1	22.8

（注）　小数点以下の四捨五入の関係で合計が100.0にならないこともある。
（出所）　三井住友トラスト・資産のミライ研究所「住まいと資産形成に関する意識と実態調査」（2022年）

この「返してしまいたい」意識と、【図表5－3】で確認した公的年金以外に必要とする老後資金額を併せて考えてみると、老後資金額を検討する際には、リタイア時に住宅ローンなどの残債を（受け取った退職金も使って）返済（完済）したあとに、どれくらいお金が残るのか、をしっかり試算しておくことがポイントになってきます。

　資産サイドのマネープランで「リタイア時に老後資金はこれくらい準備しておくのだ」と計画を立てている一方で、負債サイドのマネープランでは「リタイア時に退職金を原資に住宅ローンはきっちりと完済する。そして、老後は『借金フリー』で過ごす！」と予定している世帯があるとすれば、資産サイド・負債サイドの双方で「退職金」を「ダブルカウント（資産でも織り込み・負債の返済でも織り込む）」していないかどうか、点検が必要です。

　「頭金はゼロ。フルローンで住まいを購入」が「持ち家派」の選択肢の1つになっている現在、「住まいの取得」「住宅ローン」と「老後資金準備」を「ひとつながりのマネープラン」として考えることの重要性が増していると思います。

　【図表5－7】は家計の貯蓄と負債の平均額の推移を示していますが、今後は60歳代以降の負債保有世帯の割合が上昇し、リタイア時（65～70歳）の負債現在高も大きくなる可能性があります。ポイントは「資産残高」「負債残高」を個別にみるのではなく、「突き合わせ（マッチング）」したあとで家計資産がどれくらいあるか、を管理・コントロールしていくことになっていきそうです。

　令和時代の資産形成は、「資産を貯めて、増やす」だけではなく「資産の形成と負債をマッチングしつつセカンドライフに備える」、いわば個人版のALM（アセット・ライアビリティ・マネジメント：資産と負債を一体で管理すること）が、より一層重要になってくると考えられます。

　一方、見落としがちなのが、「リタイア後もローン返済を継続」する選択肢です。ここ10年の住宅ローン金利は、ゼロ金利政策およびマイナス金利

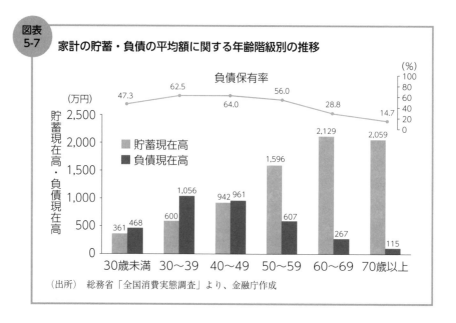

図表 5-7　**家計の貯蓄・負債の平均額に関する年齢階級別の推移**

（出所）　総務省「全国消費実態調査」より、金融庁作成

政策の影響で歴史的にも低い金利で推移してきました。現在返済中のローン金利や完済までの期間などを考慮したうえで、「資産を運用することで得られる収益」を使って、「ローン返済」ができそうであれば、資産と負債を両建てで管理していく選択肢も「アリ」だと思われます。ただし、その際は、「運用の期間」と「流動性（換金のしやすさ）」には特に留意が必要です。また、リタイア時にいきなり「持てる資産を注ぎ込んで」運用を始めるのではなく、現役時代から積立型の投資などで投資経験や運用リテラシーを習得しておくことが望まれます。

　少し違った角度から考えてみると、「住宅ローンの完済」によって、住宅ローン契約で付保されていた団体信用生命保険（ローンの返済中に返済者に万が一の事態が生じたときに残債が保険金で完済される保険）が終了することなどにも注意を払うべきでしょう。住宅ローンがあるからこそ適用される「住ま

いに関する保障」ですので、このメリットも考慮に値すると思います。

　繰り返しになりますが、重要なことは、「資産サイドのみ」で老後資金準備を考えないということだといえそうです。こういった観点での「家計の資産サイドと負債サイドのマネジメント（総合した管理）」は、今後、さらに重要性を増してくると考えられます。

3 手元資金は返済に使うべきか？ 運用すべきか？

▶ 30代・40代の家計の悩みは「ライフイベントのラッシュアワー」のせい？

　ミライ研では、30代から40代のみなさんを対象としたライフプランセミナーやマネープランセミナーを提供しています。コロナ禍の間もリモートやオンラインでのセミナーを開催しており、多くの受講者とリモートでも「一緒にワーク」する工夫を講じていました。一例ですが、当日の講義内容や資料を事前に連携し、まず、受講者自身で課題やワークに取り組み、そのなかで浮かんできた悩みや課題について、セミナー開講前に「質問・コメント」という形で講師サイドに連携いただく運営なども取り入れています。おかげ様で、想定以上の質問やコメントを寄せていただき、受講者の「本気度」をしっかりと受け止めさせていただいたのですが、次のような質問やお悩みコメントが相当な数にのぼりました。

・住宅ローン減税を利用しているが繰り上げ返済は減税終了後のほうがいいのか？

・都内でマンションを購入する場合、住宅ローン返済と資産形成の両立はできそうか？

・現在住宅ローン支払い中だが、余資を資産運用に回すべきか、繰り上げ返済に回すべきか悩んでいます。

・住宅ローンがあります。今後、繰り上げ返済をするべきか、資産形成をすべきなのか、どのように考えればよいでしょうか。

・子どもが双子で共に私立中学に進学しました。支出では学費の割合が大きく、手元キャッシュがまとまって必要なため、資産形成まで手が回りにくい状況です。資産形成の手段としては、つみたてNISAを少しずつくらいしか思い浮かびません。ほかに効果的な方法があればご

教示お願いいたします。

　これから「住まい購入＆住宅ローン返済」に取り組む（もしくは取り組んでいる）が、繰り上げ返済を優先すべきか、資産形成を優先すべきか、果たして両立はできるのか、といったお悩みや、喫緊のライフイベントとして「子どもの教育費」が浮上してきているが、これも含めて手元資金はどう活用していくべきか、など、切実さが窺えるコメントでした。こういった悩みが寄せられる背景を探るため、30代から40代の人々が置かれた状況について統計的に考察してみます。

　厚生労働省が10年ごとに実施している「平成28年度　人口動態統計報告「婚姻に関する統計」（2016年公表）」によると、日本の初婚同士の結婚年齢は2015年時点で夫30.7歳、妻29.0歳となっており、その30年前（1985年）における結婚年齢（夫28.2歳、妻25.3歳）と比較すると、晩婚化の進展が確認できます。また、その結果、男女とも初婚時年齢が30歳前後になってきています。これらのデータをみると、1985年当時であれば20代のライフイベントであった「結婚」と「子どもの養育・教育」が、現在では30代のライフイベントに「後ろ倒し」されてきているともいえそうです。その結果、30代から40代に「結婚」「子どもの養育・教育」「住まい」「住宅ローン返済」などのライフイベントが集結し、いわば「ライフイベントのラッシュアワー」的な様相も呈してきているように思います。

▶ 意識と行動にギャップあり！「住宅ローン返済と資産形成の両立」問題

　では、「住宅ローン返済と資産形成の両立」について多くの方はどういう意識を持っていて、どう行動しているのでしょうか。ミライ研のアンケート調査から確認してみたいと思います。

　現在、「住宅ローンを返済中」の2,970人に「住宅ローンの返済と資産形成の両立」についての「意識」と「実際の行動」について尋ねた結果が【図

103

図表 5-8 「住宅ローン返済と資産形成の両立」についての意識と行動について

① 住宅ローンの返済と資産形成の両立についての考え方（意識面）

(%)

	回答者数	住宅ローンの返済が優先されるので、資産形成への取組みは難しい	住宅ローンの返済を完了したうえで、家計上の余裕が出てきたら資産形成に回す	住宅ローンの返済があっても、資産形成に（少しでもよいから）取り組んでおくべきだ	このなかにはひとつもない
全年代	2,970	18.1	22.3	32.7	27.0
20-29歳	127	33.6	28.8	25.3	12.3
30-39歳	371	23.1	19.1	37.5	20.3
40-49歳	700	21.5	21.0	35.4	22.0
50-59歳	853	19.4	26.3	28.5	25.8
60-69歳	919	10.0	19.8	33.6	36.6

② 住宅ローンの返済と資産形成の両立についての実際の取組み（行動面）

(%)

	回答者数	住宅ローンの返済を優先している（優先した）ので、資産形成への取組みは難しい（難しかった）	住宅ローンの返済を完了したうえで、家計上の余裕が出てきたら資産形成に回すつもりだ（返済が完了したので資産形成に取り組んでいる）	住宅ローンの返済があるものの、資産形成には取り組んでいる（取り組んでいた）	このなかにはひとつもない
全年代	2,970	25.3	18.6	23.9	32.2
20-29歳	127	39.1	24.9	15.8	20.2
30-39歳	371	26.5	16.4	30.8	26.2
40-49歳	700	30.0	17.0	25.5	27.6
50-59歳	853	26.9	19.8	19.1	34.2
60-69歳	919	17.9	18.6	25.4	38.1

（出所）三井住友トラスト・資産のミライ研究所「住まいと資産形成に関する意識と実態調査」（2023年）

表 5 - 8】です。

　まず、意識面では「住宅ローンの返済があっても、資産形成に（少しでも
よいから）取り組んでおくべきだ」が32.7％を占めており、３人に１人は
「両立させたい」との意識を持っていることがわかります。一方で、行動面
ではどうでしょうか。②の行動面の回答結果をみてみると、「住宅ローン返
済はあるが資産形成もしている」は23.9％と、４人に１人の割合に減って
います。逆に増えているのが「住宅ローン返済を優先しているので、資産形
成は難しい」で25.3％となっています。「理想は"両立したい"が、現実的
には難しい」という「意識と行動」のギャップが窺える結果となっていま
す。

▶ どうすれば「住宅ローン返済と資産形成」が両立できるのか？

　では、どうすれば「住宅ローン返済と資産形成」が両立できるのでしょう
か。それを難しくしている要因は、「家計支出のなかに住宅ローン返済を組
み込んでいるために、資産形成できるほどの剰余が生じない」ことだと考え
られます。これに対しては、現状、「資産形成の器」として「積立型」が主
流になりつつあること、「積立投資」に取り組みやすい環境が整ってきてい
ること、がヒントになると思います。

　従来、家計において「資産形成」をするとなったら「最低でも年に数十万
円は積み立てしなきゃ」など、「自ら高めのハードルを設定してしまう」こ
とはなかったでしょうか。

　現在、積立投資については「投資信託」を活用することで、手軽に少額か
ら多様な資産に分散投資できるようになってきています。一般的には月々
１万円程度から定時定額での積立投資が可能ですし、金融機関によっては
月々1,000円、100円を最低購入金額としています。「まとまった金額でな
ければ積立投資はできない」というのは「かつての常識、これからは非常
識」といえましょう。

　また、積立投資にとって強い追い風となっているのが2024年１月から大きくメリットが拡大したNISA（少額投資非課税制度）です。NISAは、株式や投資信託などの金融商品に投資をした際に、本来であれば配当や売却益に対してかかる税金が非課税となる制度です。日本に住んでいる成年一人ひとりに認められています。「NISAの器で（少額でもよいので）積立投資を始めてみる」ことは多くの方にとっても飛び越えやすい「比較的低めのハードル」ではないでしょうか。

寄り道コラム⑥

2024年からのNISAとは？

　2024年１月からのNISA（少額投資非課税制度）は、「日本に住んでいる18歳以上であれば誰でも利用できて、どんな目的にも活用可能な資産形成と資産運用の器」です。NISAの概要を【図表❻－１】にまとめました。大きなポイントが４つあります。これらの特徴は、平均的な個人の生活において必要かつ十分な「お金のスケール（必要量）」を準備する器として十分なものといえるでしょう。

▶ NISAは「生涯のパートナー」

　NISAは、税制優遇が適用される「投資枠」を一生涯使える制度です。NISAの投資枠のなかで「投資して、売却して、再投資して」を、生涯を通して行うことができます。一人ひとりの個別のライフイベントに備えて、NISAの器で資産を積み立て、増やし、ライフイベントのために売却（現金化）して消費し、また次のイベントに向けて積み立てていくことができるということです（非課税枠の再利用）。これが「NISAは生涯のパートナー」といわれるゆえんです。また、NISAを活用して、自宅の購入費用や、子どもの教育費用、リスキリング費用、転職時の家計予備費などの用意ができますし、ライフイベントのなかでとりわけ必要額が大きい「老後生活費」に対しても、NISAは頼れる武器になるといえるでしょう。

図表❻-1　新旧NISA制度の概要

	これまでのNISA (2023年12月まで)		新しいNISA (2024年1月から)	
	つみたてNISA	一般NISA	つみたて投資枠	成長投資枠
対象年齢	18歳以上		18歳以上	
投資可能期間	～2023年12月末		恒久化 point1	
非課税機関	20年間	5年間	無期限 point2	
年間投資枠	40万	120万円	120万	240万円 point3
併用可否	併用不可		併用可	
非課税保有限度額	800万円	600万円	1,800万円 point4 (うち、成長投資枠は最大1,200万円まで)	
購入方法	積立	一括投資・積立	積立	一括投資・積立
投資対象商品	積立・分散投資に適した一定の投資信託	上場株式・投資信託等	これまでのNISAの対象商品と同様	上場株式・投資信託等 (一部対象除外あり)

(注)　上場株式・上場投資信託（REIT・ETF）等は取り扱っていない金融機関がある。
　　　上場株式・上場投資信託等は次のすべての条件を満たすものが投資対象。①信託期間
　　　が20年以上または無期限であること、②高レバレッジ型ではないこと、③毎月分配型
　　　ではないこと。
(出所)　金融庁「新しいNISA」より三井住友トラスト・資産のミライ研究所が作成

▶「住宅ローン返済と資産形成」の優先順位はどう決めればよい？

　ここで、前出の30代・40代から寄せられた「住宅ローン返済中だが、余
資を資産運用に回すべきか、繰り上げ返済に回すべきか」という悩みについ
て考えてみましょう。

　2000年以降、住宅ローンの基準金利（変動金利）は、店頭表示金利で年
2.475％の水準が続いており、適用金利（各金融機関の金利優遇対応を織り込
み後）の実勢は2024年1月時点で年0.3〜0.7％の水準となっています。
1990〜95年あたりでは、基準金利（変動）は年4〜8％の水準でしたの
で、歴史的にみると極めて低い金利で「資金調達」が可能になっています。

図表 5-9 「住宅ローン」と「資産運用」の比較

（出所）　三井住友トラスト・資産のミライ研究所が作成

　これを「家計の手元資金の使い途」という視点で考えてみるとどうでしょうか。現在、住宅ローンは、自動車ローン、カードローンなど様々ある借入れのなかで、金利水準が各段に低い借入れとなっています。例えば、住宅ローンを繰り上げ返済したあとに手元資金の余裕が小さくなったタイミングで子どもの学費がまとまった金額で必要となった場合、教育ローンで学費を調達しようとすると、住宅ローンよりも高い金利で借り入れることになるでしょう。

　また、住宅ローン減税の適用を受けている世帯においては、繰り上げ返済により借入元本が減ると控除も減少することから、繰り上げ返済しないほうがメリットを享受できるケースも考えられます。

　今すぐに手元資金を使わなければならないライフイベントがないという世

帯においても、「住宅ローン」と手元資金を活用した「資産運用」との比較・検討をしておくことが望まれます（【図表5-9】）。

▶「金利がある世界」の到来で「住宅ローン返済ファースト」へシフト？

今後、いよいよ「金利がある世界」の到来が想定されてきています。住宅ローン利用者の約7割が変動金利を選択しているといわれているなか、金利の上昇に対しては、これまでよりも慎重な対応が求められると思います。

従来よりも「大きく長い住宅ローン」を抱える人が増えた令和の時代においては、住まいに夢を乗せた「物件ファースト」の住まい選びから、長期の住宅ローン返済に滞りのないよう「住宅ローン返済ファースト」の住まい選びへシフトしていくのではないかと思われます。

住宅ローン減税の活用を前提として住宅ローンで住まいを購入される方が多いと思いますが、選択肢の1つとして、住宅ローン減税の減税分を「家計の支出」として費消してしまうのではなく、「家計の資産形成＆資産運用」の原資として活用することを考えてみます。

いくつかの前提条件をもとに、住宅ローン減税額を試算してみます。

年収・借入額によって減税額は変化しますが、年収600万円、住宅ローン借入額3,000万円と置いた場合、住宅ローン減税額はトータルで約218万円になります。

　「住宅ローン返済ファースト」の返済計画としては、将来の家計負担ギリギリ一杯の返済ではなく、少々変化が生じても継続的な返済に支障をきたさないように「余裕」や「のりしろ」を持っておくことが望ましいと思います。その「余裕」枠の目安として、家計負担を和らげる効果を持つ「住宅ローン減税」分をイメージしてみる、ということです。

　また、インフレなどへの対応策として、家計で資産運用にも取り組もう、というケースであれば、例えば、NISAの器で積立投資に取り組んでみる、ことも選択肢になりうるのではないかと考えます。

　住宅ローン減税額分見合いの資金をNISAで運用しておけば、今後、金利の上昇によりローン金利が上昇してきた際には、運用している資産をキャッシュ化して「繰り上げ返済」に充当することもできるでしょう。またNISAで運用できる資産は「流動性（換金性）」が高いので、住宅ローンの返済目的のみならず、急なライフイベントへの出費や学費などに充当することも可能な点にも着目しておくべきでしょう。

不動産は資産である。
が、資産ではない？

1 「不動産」を人物に例えてみるなら「離れられない間柄」？

▶ 1,000兆円もある「日本の家計の不動産」

最近、「日本の個人は金持ちだ。特に現金・預金が大変に好きだ」という記事を目にすることがあります。元をたどってみますと2022年あたりから頻出しているようです。どういうわけでしょうか。

個人が保有する預金や株式などの金融資産については、日本銀行が3ヶ月ごとに調査結果を公表しています。「資金循環統計」といいますが、2022年3月に公表した統計結果が話題になりました。前年21年12月末時点の統計結果を公表したのですが、このときに個人の金融資産額は2,023兆円となり、初めて2,000兆円を超え、過去最高となりました。堅調な株価を背景に金融資産の価値が上がったことや、新型コロナの影響で旅行や飲食などの消費が抑えられ預金が増えたことなどが主な要因にあげられています。

翌22年3月末時点での日米の個人資産の内訳を比較したものが【図表6－1】です。日本の金融資産2,005兆円のうち、「現金・預金」は半分以上（54.3%、約1,000兆円）となっていました。アメリカの同比率（13.7%）と比べると、日本は現金・預金での保有比率が圧倒的に大きいことから、「日本の個人家計においては『貯蓄から投資へ』が進まず、現預金を貯め込んできた」という論調で語られることが増えてきたものと考えています。

しかし、個人資産は金融資産だけではありません。2021年度の日本銀行「資金循環統計」や内閣府「国民経済計算」から推計しますと、日本の個人資産総額は約3,000兆円で、その内訳は「金融資産が約2,000兆円」「不動産が約1,000兆円」となっています。

現在、内閣は「資産所得倍増プラン」を掲げて、個人家計の「現預金1,000兆円」が「投資」へと向かい、将来、投資から生じる運用収益など

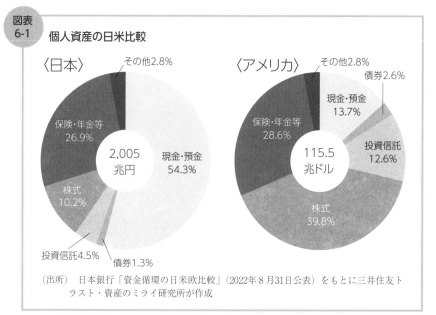

図表
6-1

個人資産の日米比較

〈日本〉

その他2.8%

保険・年金等
26.9%

2,005
兆円

現金・預金
54.3%

株式
10.2%

投資信託4.5%　　債券1.3%

〈アメリカ〉

その他2.8%

債券2.6%

現金・預金
13.7%

保険・年金等
28.6%

115.5
兆ドル

投資信託
12.6%

株式
39.8%

（出所）　日本銀行「資金循環の日米欧比較」（2022年8月31日公表）をもとに三井住友トラスト・資産のミライ研究所が作成

で家計の所得が増えていくよう、各種施策を打ち出しています。一方で、個人資産の3分の1を占める「不動産」も大切な資産です。将来の家計の所得やキャッシュフローに対して重要な役割を持っているはずです。資産としての「家計の不動産（土地・家屋など）」とどう向き合っていくかが重要になってきています。

▶ 50代の「住まいは資産か？」談義

　私ごとながら、50代も半ばを過ぎると、学生時代の同級生や、新入社員時代に一緒に働いた同期入社の人たちとの「同窓会」や「同期会」などが急に増えたように感じます。

　つい先日も、学生時代の同好会で一緒だった友人がメールをくれて、居酒

屋で旧交を温めることとなりました。コロナ禍の影響もあり、数年ぶりの再会だったので、昔話に花が咲き、大変楽しく過ごしていたのですが、何がきっかけかわかりませんが、「住まい」についての話になりました。おぼろげな記憶を、少したどって会話を再現してみたいと思います。

（居酒屋のカウンターで）

旧友　資産のミライ研究所って、何を研究してるの？

　そうか、家計のお金や自宅の活用方法についての研究をしているんだね。

　じゃあ、研究所さんに伺いたいことがあるなぁ。

　今、住んでいる家は20年前にローンで買った建て売り住宅なんだけれど、まだ10年、ローンが残っていてね。

　うちの次男は来年、学校を卒業して社会人になると思うんだけれども、あと1年、学費がかかるからね。

　でも就職したら、うちは嫁さんと2人になるので、今住んでる家だとちょっと広すぎるし、会社からは結構遠いし……。じゃあ、いっそ、会社に近いところに住み替えするか、と嫁さんと会話してみたりもするんだが、まとまったお金はないし学費もかかるし、家のローンも残っているしね……。

　このあたり、研究所として「役に立つ考え方や取組み方法」とかないかな。

　この前、嫁さんからこんなこといわれてね。

　「なんで『家』の中古品販売サイトってないわけ？　納得いかないのよねぇ。

　『自宅』も『資産』なんだったら、換金できるはずでしょ？　でも、売っちゃったら住むとこなくなっちゃうし……。住替えにしても賃貸にしても、会社に近いところに住めるかどうかわからない

し……。なんだか、家のことを考え始めると、面倒になっちゃうわ」

　なんだか、私の甲斐性がないような口ぶりでね。私も困っちゃってるんだよね……

▶「瓢箪から駒」
　居酒屋談義から得た「住まいは資産なのか？」という視点

　以上、記憶をたどって再現してみましたが、「会話」でも「談義」でもなく、単なる「わが旧友の独り言」になっておりました。お詫び申し上げます。

　この「50代の独り言」を文字化してみましたら、大半は酔言としてスルーするにしましても、「これは確かにそうかも」と思った点がありました。気になった点を少し深掘りしていきたいと思います。

　独り言の後半部分で、「自宅も資産なんだからキャッシュ化できるはずだ。しかし、売ると住処（すみか）がなくなるので、次の住処を手配しつつ売却しなければならないので大変だ。手間を考えると売る気にならない」という意味合いの発言がありました。

　「いわれてみれば、そのとおり！」という点もあります。普通、自宅を購入する際は、「気持ちよく住める場所・空間」「家族と一緒に人生を安心・安全に過ごしていくための拠点」として購入するのだと思います。「我が家」の英訳として「マイハウス」と「マイホーム」がありますが、「ハウス」は「物理的な建物」を指すのに対し、「ホーム」は「人が住んでいる場所」「生活している拠点」を意味しているのだそうです（ですから、「ただいま！」の英訳は「I'm home!」であって、「I'm house!」とは表現しませんね）。

　こういった「気持ち・想い」についても、データで確認しておきたいと思います。

▶ ミライ研アンケート調査からみえてきた「不動産は資産」という意識の
中身

「不動産は資産だ」という意識は、どの程度あるのか。これを確認すべ
く、ミライ研は、以下の設問を2022年実施の１万人独自アンケート調査に
盛り込みました。以下、調査結果（【図表６−２】、【図表６−３】）をみてい
きましょう。

〈設問と選択肢（【図表6-2】【図表6-3】）〉

対象者	設　問	選択肢
持ち家保有者	家計で所有する不動産（土地・家屋・マンションなど）を「家計の資産（売る、貸すなどにより現金化できる資産）」として考えているか？	① 考えている 　⇒時価評価額も把握している ② 考えている 　⇒時価評価額はわからない ③ 考えていない 　⇒資産と思ったことがないから ④ 考えていない 　⇒生涯居住し続けるつもりなので
持ち家非保有者	家計で所有する不動産（土地・家屋・マンションなど）は「家計の資産（売る、貸すなどにより現金化できる資産）」だ、という考えについてどう思うか？	① 重要な家計の資産だ ② 資産だと思うが、いざという時に現金化するのは難しい ③ 資産かもしれないが、何といっても「住む場所」なので「資産」と考えても意味はない ④ 家計の不動産は「資産」といえるような価値はない

　【図表６−２】は、持ち家を保有している5,300人に対して、家計で所有
している不動産（土地・家屋・マンションなど）を「家計の資産（売る、貸す
などにより現金化できる資産）」として考えているかを尋ねた結果です。「生涯
居住し続けるつもりなので（換金する対象としての）資産とは考えていない」

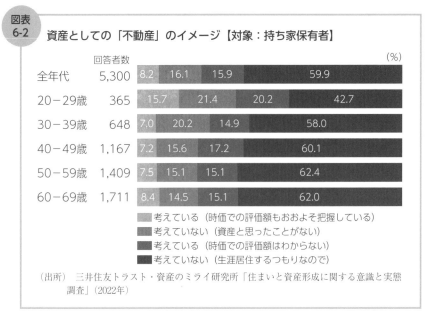

図表 6-2 資産としての「不動産」のイメージ【対象：持ち家保有者】

	回答者数				(%)
全年代	5,300	8.2	16.1	15.9	59.9
20−29歳	365	15.7	21.4	20.2	42.7
30−39歳	648	7.0	20.2	14.9	58.0
40−49歳	1,167	7.2	15.6	17.2	60.1
50−59歳	1,409	7.5	15.1	15.1	62.4
60−69歳	1,711	8.4	14.5	15.1	62.0

■ 考えている（時価での評価額もおおよそ把握している）
■ 考えていない（資産と思ったことがない）
■ 考えている（時価での評価額はわからない）
■ 考えていない（生涯居住するつもりなので）

（出所）　三井住友トラスト・資産のミライ研究所「住まいと資産形成に関する意識と実態
　　　　調査」（2022年）

という回答が全体の60％を占めています。逆に、「（換金も想定した）資産」と考えているのは24.3％と「4人に1人程度」だということもわかりました。

　年代別にみると20代では「生涯住み続けるので資産としてみていない」が42.7％と全体平均よりかなり低くなっている一方で、「資産として考えている（選択肢①②の合算値）」は37.1％と全体平均の24.3％より相当大きな比率となっています。この結果から、20代で自宅を所有している世帯は、「現時点で住む場所」であると同時に「将来、住み替える際の原資となる資産」としての価値を期待し、自宅を購入しているのではないかと考えられます。

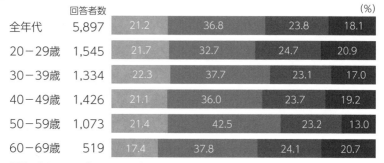

図表 6-3	資産としての「不動産」のイメージ【対象：持ち家を持っていない者】			

回答者数 (%)

	回答者数				
全年代	5,897	21.2	36.8	23.8	18.1
20−29歳	1,545	21.7	32.7	24.7	20.9
30−39歳	1,334	22.3	37.7	23.1	17.0
40−49歳	1,426	21.1	36.0	23.7	19.2
50−59歳	1,073	21.4	42.5	23.2	13.0
60−69歳	519	17.4	37.8	24.1	20.7

■ 不動産は重要な「家計の資産」だと思う
■ 不動産は「資産」だと思うが、いざという時に現金化することは難しいと思う
■ 不動産は「資産」かもしれないが、何より「住む場所」だから「資産」として考えても意味はないと思う
■ 不動産は「資産」といえるような価値はないと思う

（出所）　三井住友トラスト・資産のミライ研究所「住まいと資産形成に関する意識と実態
調査」（2022年）

▶ 自宅を持たない世帯は「住まいは資産」とみているのか？

　【図表6−3】は、自宅を保有していない5,897人へのアンケートの結果
です。回答者は「自宅を持っていない」方なので、「（家計の）不動産は資産
である」という考え方に対して「どう思うか」を尋ねたものです。

　まず、「不動産は資産」と考えている比率（「重要な家計の資産」「資産であ
る。しかし現金化は難しい」の合算値）ですが、全体では58.0％となってお
り、自宅保有者の6割が「住み続けるので資産ではない」と回答した結果
と対照的といえます。

　また、自宅非保有者のうち、「住む場所だから（売ったり貸したりできない
ので）資産とは考えられない」と回答したのは23.8％であり、低い数値と
なりました。

これらの結果からは、まず自宅非保有者のみなさんが、「自宅を保有するには、とてもたくさんの資金が必要」という認識をしっかりと持っていることが窺えます。言い換えますと「たくさんのお金を使って我が家を持つのだから、取得した我が家に資産価値があるのは当然である」という意識なのではないかと思います。

▶「家計の不動産」の特徴は？

　ここまでアンケート調査の結果などを確認しながら、「家計の不動産」について考察を進めてきましたが、「家計の不動産」、表現を変えると「自宅の資産価値」は、どう整理しておけばよいのでしょうか。

　本書では、「住まい」と「住宅ローン」について、「別々に」ではなく「1つの連なり」として考察してきました。「自宅の購入＆住宅ローン」は、「家計の資産積上げ」と「家計の負債増加」を同時発生させるイベントだともいえそうです。

　こう考えると、家計の「住まい（資産）」「住宅ローン（負債）」は、ユニークな属性を持っていることがみえてきます。具体的には以下のような点です。

①**「自宅」は、流動性（換金性）に制約がある資産である**

　「家族が住む場所として、とても良い環境だ」と思って購入した自宅であっても、いざ不動産市場に「売買物件」として出した場合に、すぐに買い手がつくかどうかはわかりません。

　「こだわりの間取りや設計」が、不動産市場においては「使い勝手が悪そう」との評価を受けることもあります。こういった要素も含め、住まいは「売却時期」や「売却価格」が不確定な資産だといえそうです。

　こういった観点から、最近、「立地（駅近物件）」「ステータス（港区、晴海などのロケーション）」「ブランド（高級マンションの「●●シリーズ」など）」

119

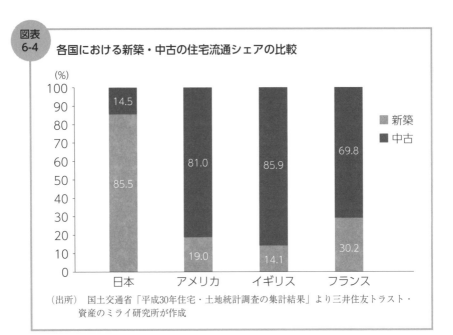

図表 6-4 各国における新築・中古の住宅流通シェアの比較

（出所） 国土交通省「平成30年住宅・土地統計調査の集計結果」より三井住友トラスト・資産のミライ研究所が作成

といった「将来においても市場価値が下がりにくい要素」や「売却しやすさ」を重視して、「自宅の資産価値」を吟味・検討する層も増えてきているようです。

②「自宅」となった瞬間に「中古物件」となり経年劣化が始まる

　日本の住宅市場には「新築神話がある」といわれています。ここに、国土交通省の「平成30年住宅・土地統計調査の集計結果」がありますが（【図表6－4】）、市場規模は国によって異なるものの、日本は新築住宅の流通戸数割合が、海外と比較して圧倒的に大きいことが確認できますので、日本のユーザーは国際的にみても「新築志向」が顕著であることがわかります。

　一方で、「新築住宅」のステータスは、購入後、瞬時に「中古住宅」に変

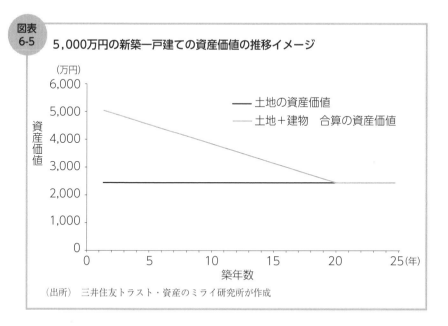

図表 6-5　5,000万円の新築一戸建ての資産価値の推移イメージ

（万円）

資産価値

―――― 土地の資産価値
―――― 土地＋建物　合算の資産価値

築年数

（出所）　三井住友トラスト・資産のミライ研究所が作成

わります。そして、資産価値は経年変化していきます。

　例えば、戸建て住宅の資産価値は「建物」と「土地」の価格を合算したものです。「土地」は経年劣化があまりなく、時間が経っても価値が変わりません（そのエリアでの人口や景気の変化が大きくないという前提）。一方で、建物（住宅部分）は経年劣化するので、時間の経過とともに価値が減少していきます。日本の不動産市場では戸建て木造住宅は、築20〜25年ほどで取引上の価値が０円となってしまいます（価値がゼロで取引されるからといって、住むことができないわけではありません）。新築のステータスから20〜25年にわたって徐々に資産価値が減少していき、最後は「建物の評価価格がゼロ」となり、「土地の評価価格」が中古住宅の価値になります（【図表６−５】）。

　分譲マンションの資産価値についても経年変化を確認してみましょう。当然、実際には立地条件や物件の個別性によって変化の仕方が変わります。

121

2021年の東京オリンピックや歴史的な低金利状況の影響もあり、築年数を重ねても購入時より販売価格が上昇しているエリアも存在します。基本の価格推移よりも早く値下がりしてしまう物件もあれば、価格を維持するものもあります。このように物件によって違いは出てきますが、築年数に合わせて基本となる価格の動きがあります。

新築～築浅マンションといわれる築1～10年の物件については、この時期に売却されるケースは非常に少なく、希少性が高いといわれています。その一方で、この時期は年を経るごとに価格が落ちる率も高く、短期所有での売却には向いてない傾向もあるので注意が必要です。すなわち、新築物件は「新築」というプレミアムがついて最も高く評価されますが、少しでも住んでしまうと「中古物件」になり、その際の価格の下落率は最も大きくなります。

築21～30年の時期になると、価格の下落率は落ち着きをみせ、価格は緩やかに下がり、築年数要因での価格変動はあまり生じなくなってくるといわれています。

③ **超長期の負債（一気に減らせない負債。徐々にしか減らない負債）である**

2000年以降のデフレ時代においても日本の住宅価格は上昇してきました。結果として、「家を購入するためには大きなローンを抱えなければならない」ことになっています。では、それほど大きな出費を強いる「住まいの値段」と「購入者の年収」には、どれくらいの開きがあるのでしょうか。

戸建て住宅の購入に必要な年収の目安として「年収倍率」という指標が広く使われています。これは、不動産の購入価格と購入者の世帯年収の比率を表すもので、一般的には「購入する物件価格の目安は年収の5～7倍程度」といわれています。住宅金融支援機構が公表している「フラット35利用者調査」（2022年度）によると、フラット35という住宅ローンの利用者で、注文住宅を購入した世帯の年収倍率は6.9倍、土地付注文住宅で7.7倍、建売

住宅は6.9倍で、平均すると7.2倍となっています。

　言い換えると、「戸建て住宅を一括払いで買おうと思えば、現在の年収の７年分を事前に貯めておかねばならない」ということですので、必然的に「持ち家」の多くは「住宅ローン」とセット、とならざるをえません。現在、住宅ローンの一般的な返済期間は30年から35年ですので、もし頭金ゼロで物件価格全部を35年のローンでまかなうとすれば、ざっくりとした計算ですが、

　　年収の７倍〈物件価格〉　÷　35年　＝　0.2

という数字が求められます。これは、ローンの完済には年収の約２割を返済に充てても35年かかる、という意味合いになります。

　こういった数字をみると、現在の住宅ローンは「超長期の負債」であり、その規模からみても一気に減らすことが難しく、漸減させていくしかない性質のものだ、といえます。35年かけて走り切る「未来に向けたとても長いマラソン」というイメージかもしれません。

④「負債」と「資産価値」が非対称である（残債の減り方と資産価値（時価評価額）が連動しない）

　上記の②、そして③と確認してきますと、必然的に④の結論にたどり着きそうです。

　②でみたとおり、購入後の住まいの資産価値は特別なケースを除いて、経年劣化していき、その度合いは築年数が少ない時期ほど急になります。一方で、購入時に設定した住宅ローンの残高は、一括で返済できる規模ではないため30～35年ぐらいの超長期のスパンで少しずつ返済していくことになります。

　この「住まいの資産価値の推移」と「住宅ローンの残債の推移」は非対称であり、連動していません。ローン返済中のある時点において、「返済が大変なので、住まいを売却してローンの残りを返済し、スッキリと身軽になろ

う」と思っても、上記①でみたように「すぐに希望の価格で売れるかどうか
はわからない」ですし、売却できたとしても、売れた値段とローン残債額は
「連動していない（お互いに関係ない）」ので、売却して入ってきたお金で残
債が全額返済できれば「めでたし」ですが、完済に足りない場合も十分に想
定されます（いわゆるオーバーローン状態）。そうなると、今まで「住んでい
た拠点」がなくなったうえに、今は他人のものとなった住まいについての
ローン返済も残ってしまい、加えて「新しい住処」も確保しなければならな
い、という状況になります。

　このように①から④のようなユニークな特徴を「家計の不動産（住まい・
土地)」は持っているようです。

▶「家計の不動産」を人に例えてみるなら？

　ここまで家計の不動産が持つ「特徴」を点検してきましたが、これを人間
関係に例えてみると、どうでしょうか。

　「『いざ』というときには頼りたい。しかし、本当に助けてくれるのかどう
かは判然としない人」とか、「ずっと付き合いたい気もするが、たまには別
れて過ごしたい。とはいえ、長年一緒に住んでいる人」、要するに「離れよ
うと思っても、なかなか離れられない間柄」だといえるかもしれません。

　では、そういった間柄の人に寄り添いながら、「いざ」というときに活躍
してもらう方法はないのでしょうか？

　次節では、この「自宅に住みつつ資産化もしていく方法」についてみてい
きたいと思います。

寄り道コラム⑦

「住替え」を前提とした持ち家戦略とは？

本書の第1章「住まいは買うべきか、借りるべきか？」で、「持ち家VS賃貸」について考察していますが、まとめとしては「変数がたくさんあるものの、俯瞰してみれば費用面では大差がないようだ」となりました。実際、「住環境を定期的に変えてみたい」方は賃貸がよいでしょうし、「ここがとても好きなんだ」とずっと住みたい方は「持ち家」という判断がフィットしています。

▶ 第3の選択肢としての「住替えを前提とした持ち家」

しかし、最近は上記のような「持ち家か、賃貸か」という「二者択一」的な発想から離れて、「第3の選択」をする層も増えてきているようです。いわば、「住替えを前提とした持ち家」戦略とでもいうべきものです。

具体的にはこうです。スタートは当然、「持ち家」です。しかし、購入の際に「購入後も住宅の資産価値が下がらないであろう物件」を吟味のうえ、購入する。住宅ローン減税の適用期間なども考慮して、10年ほど経過した後に「購入価格よりも高く売却」していくというものです。「住替え」の都度、「家計の不動産」の資産価値を増やしていくストーリーともいえます。

▶ 重要なファクターである「立地」

では、この戦略を遂行するうえで、重要なファクターは何でしょうか？

まず「立地」だそうです。では、資産価値が下がらない、そして上昇する地域はどう探せばよいのでしょうか。共働き世帯であれば、自分1人の年収を基準にするのではなく、夫婦2人の年収を合わせて借入可能な金額を前提にして、「好立地かつ高価格帯の物件」をリサーチするのだそうです（このあたりは、本書第4章で確認した「若い世代の住宅ローン利用においてペアローン比率が上昇してきている」という事象にも整合すると思われます）。

▶「出口」のイメージも大切

また、物件の吟味で大切なのが「自宅を賃貸に出したときの家賃予想」と「売るとした場合の売却額予想」であり、こういった情報は収集するだけでなく、点検が大事とされています。対象として目星をつけたエリアの「中古物件価格の相場」をリサーチするわけですが、「実際に売却された価格」も調査することで、自分がイメージしている「売却額予想」を検証するという感じです。

▶ さあ、「実踏」へ

エリアの候補が定まってきたら、次は「実踏（ジットウ：実地踏査）」、要するに、現地に足を運んでの下見です。モデルルームがあれば見学に行き、エリアの情報も合わせて収集する。また、可能であれば、そのエリアの住民の方に教育環境やコミュニティのモラルなどを聞いてみるとよいようです。

▶ 忘れてはいけないことは

実際にこういったリサーチを踏まえて「"持ち家"での"住替え"」を実行に移している世帯も増えてきていると思います。ただ、少し見方を変えてみると、上記の「物件リサーチ」は、程度の差こそあれ、家を買おうとする際に誰しも取り組んでいることだと思います。ポイントは、住みたい住宅の「今」に着目するか、あるいは「今、そして（むしろ）将来」に着目して行動するか、の違いであるようです。

また、この戦略が成功する鍵は、良い立地の物件を相場が安い時期に購入できるか否か、であるように思います。足元のように（特に首都圏などの）物件価格が高騰している時期に購入してしまうと、どれだけ「「将来性」のあるエリアであったとしても、結果的には「高値を掴む」可能性が高くなるのではないかとも考えられます。

物件価格の「将来」に対して自身の「読み」をもって挑む戦略なので、外部環境や地政学的なリスクなど「予測できない変化要因」が生じて「思い通りにならないケース」も出てくると思います。そういった「不測の事態」においても、生活の基盤である「住まい」や、生活の支えである「年収」などに深刻な影響を及ぼさないような「担保」や「代替案」をもって臨むことが求められる戦略だと感じます。

人間の生活の源は「衣・食・住」だといわれますが、このうちでも大切な「住」を「トレード」の場に曝してしまうリスクについても十分検討しておく必要がありそうです。

2 「自宅に住みつつ資金化（現金化）」は「できない相談」なのか？

▶「住んでいる家は売れない」「売れないと資金化できない」というジレンマ

　日本では、人生100年時代とも呼ばれる長寿社会を迎えたことにより、長期化した老後生活の資金確保が社会的な課題となっています。

　老後生活のスタート時点で「老後資金が十分とはいえない」というケースでは、「暮らしぶりを節制モードに切り替える」「働ける間はできる限り長く働く（就労継続）」なども対応策や選択肢となってきます。

　一方で、最近、寄せられることが多くなった悩みの１つに、「資産はある。しかし、お金はない」問題があります。

　家計の「資産・負債」を棚卸ししてみると、大きくは「金融資産（預貯金や有価証券など）」と「不動産（住宅・土地など）」に分類されます。どちらもバランスよく（できれば、多めに）保有しているのが望ましい姿ですが、「家計の資産の大部分は自宅不動産」という場合には「資産（不動産）はあるがお金（金融資産）はない」という状態になりやすく、何らかの対策が必要となってきます。

　こうしたケースでは、自宅不動産の売却で生活資金を捻出する、という解決策も考えられますが、「老後生活の拠点として考えていた愛着のある住み慣れた我が家を手放すこと」や「地域コミュニティから外れてしまう恐れがあること」「新たな住まいや生活圏を探し、新生活をスタートさせることへの負担感や不安」などから躊躇する人も多いのでは、と思います。そこで、「自宅に住み続けながら資金を捻出する」方策として、リバース・モーゲージやリースバックといった手法の活用が広がってきています。

▶ リバース・モーゲージとは？

　リバース・モーゲージとは、自宅不動産を担保として金融機関や公的機関

Chapter

6

不動産は資産である。が、資産ではない？

127

からお金を借り入れる住宅ローン制度の一種です。自宅に住み続けながら生活資金を確保することができます。

借り入れる形態は様々あり、「年金式」や「一括支払い」、「限度枠内での自由な引出し方式」などがあります。

返済方法は原則として「借り入れた人の死亡時」や「契約期間満了時」の一括返済とされ、返済金には担保不動産（自宅不動産）の売却金や現金（借り入れた人が死亡したときは相続人や保証人が支払う）が充てられます。借入金の資金使途は原則として自由であるため、生活資金の補完に活用できます。ただし、事業性資金とすることや投資に充てることは認められません。

民間金融機関のリバース・モーゲージは、資金回収の確実性の要請から、自宅不動産のなかでも「土地」の担保価値や流動性に着目して、「都市圏」もしくは「エリア限定」で取り扱っている場合が多いのが実情です。また、借入金で生活費が賄えなくなる借入人サイドのリスクも考慮して、若年者の利用を不可とする年齢制限（利用は60歳以上などとする）を行っています。

▶ リースバックという手段もある

リースバックとは、所有している不動産（自宅不動産など）を投資家や専門会社などの第三者へ売却するとともに、引き続き自宅に住み続けるための賃貸契約を締結する仕組みをいいます。

リースバックの売却金の資金使途は自由であるため事業資金としても活用でき、利用にあたっての年齢制限もありません。ただし、売却価格が相場よりも安くなる傾向にあることや、賃貸契約には期限が設けられることなどについて留意が必要です。

せっかく、長年ローンを返済し続けて「自分のもの」になった住まいです。今後、住まいの持つ「資産価値」の活用が広がることで、老後資金への準備のあり方が多様化されて、各世帯の実情に応じた選択が可能になっていくことが大いに期待されます。

寄り道コラム⑧

広がるリバース・モーゲージの活用。「リ・バース60」とは？

　老後生活への準備として住替えやリフォームをする場合、まとまった資金が必要になります。しかし、借り手が高齢になると、金融機関における一般的な住宅ローンやリフォームローンの審査に通りにくくなります。

　このようなときに活用できる「リ・バース60」という商品があります。

▶ リ・バース60の活用

　リ・バース60とは、住宅金融支援機構（旧住宅金融公庫）と提携している金融機関が提供する、主に満60歳以上の方を対象とした住宅ローンです。資金使途は「住宅の購入」「建築」「リフォーム」「住宅ローンの借換え」などに限定されます。

　自宅を担保にお金を借りるわけですが、毎月の支払いは利息のみで、元金は契約した方が亡くなったときに自宅を売却するか、相続人が一括して返済する仕組みです。

　一般的な住宅ローンと比較すると、月々の負担額が少ないことから、60歳以上の方でも住宅ローンを組みやすいなどのメリットがあります。

　なお、リ・バース60の仕組みを提供する住宅金融支援機構は、政府が全額出資する団体（2023年3月31日時点）です。住宅金融支援機構は国民の住生活の向上支援を目的としており、リ・バース60もその一環として提供されています。このコラムでは、リ・バース60の仕組みやメリット・デメリット、利用事例を説明します。

▶ リ・バース60には2つの商品タイプがある

　リ・バース60は、元金を死亡後に一括返済するという仕組みから、「ノンリコース型」と「リコース型」の2種類があります。ノンリコース型を選択すると、担保不動産の売却だけで元金を一括返済できなくても、相続人が残った債務を返済する必要がなくなります。一方で、リコース型を選択すると、担保不動産の売却だけで元金を一括返済できなかったとき、相続人には残った債務の返済義務が生じます。

　ノンリコース型は、リスクを避けるためには有用ですが、リコース型に比べて適用金利が高くなることがあります。なお、2022年度において、ノンリコー

Chapter

6

不動産は資産である。が、資産ではない？

129

ス型の利用割合が99.0％を占めており、ほとんどすべての方がノンリコース型を選択しています。

▶ リ・バース60のメリット

リ・バース60には以下のようなメリットがあります。

● 高齢者でも借入れができる

一般的な住宅ローンは安定収入が求められ、年齢制限も設けられているため、高齢になると借りるのは難しくなります。しかし、リ・バース60はそもそも60歳以上の人向けの住宅ローンなので、年齢を理由に住宅ローンを借りるのが難しい人でも借りられる可能性があります。また、借入時の年齢に上限がなく、収入が公的年金のみでも利用可能です。

● 返済が利息のみで月々の返済負担が小さい

一般的な住宅ローンは元金と利息を返済するため、月々の返済が重荷になるかもしれません。しかし、リ・バース60の返済は利息のみなので、月々の返済負担が小さくなります。このように、高齢になって収入が減少しても、無理なく返済ができるよう設計されています。

● ノンリコース商品を選択できる

一般的な住宅ローンは団体信用生命保険があるため、債務者が万が一亡くなったときの元金の心配は必要ありません。しかし、リ・バース60は元金が据え置きとなるため、債務者が亡くなったときの元金返済が必要になります。しかし、ノンリコース型を選択すれば、担保不動産の売却だけで元金を一括返済できなかったとしても、債務が残らないため安心です。

▶ リ・バース60のデメリット

リ・バース60には、以下のようなデメリットもあります。

● 融資限度額が小さい

一般的な住宅ローンでは、不動産を購入する際、満額融資を受けることも可能です。しかし、リ・バース60の借入限度額は、担保評価額の50～60％が目安です。そのため、住宅の新規購入資金や建築資金を借りる際に、自己資金が必要となります。

また、住宅ローンが残っている自宅を担保として、リフォーム資金や借換資金として利用する場合に、住宅ローンが担保評価額の50％以上残っていると、リ・バース60の利用はできません。

- **元金が減らない**

  一般的な住宅ローンは元金と利息を返済し、いずれ完済する商品です。しかし、リ・バース60は債務者が亡くなったときに元金を一括返済するので、長生きすればするほど利息の総支払額は増えます。そのため、完済時には、利息の総支払額が多額になってしまう恐れがあります。

- **金利が上昇することもある**

  リ・バース60を変動金利で借りる場合、金利が上昇することで月々の返済額が増加する可能性があります。そのため、金利が上昇したとしても返済できるようにしておくことが大切です。もしくは、固定金利型のリ・バース60を利用すれば、金利上昇リスクを回避することができます。

▶ **リ・バース60の利用事例について**

- **老朽化した自宅のリフォーム**

  自宅が老朽化すると、徐々に使い勝手が悪くなったり、設備の入替えが必要になったりします。健康状態によってはバリアフリー対応も必要かもしれません。しかし、収入が減少した老後生活において、まとまったお金を使うことに不安を感じるかもしれません。リ・バース60なら手元資金を使用せず、月々の返済負担を抑えながら、リフォームができます。

- **新居への住替え**

  子どもの独立や、パートナーとの離別・死別などによって、生活に適した広さの家への転居を検討するかもしれません。しかし、高齢になると、一般的な住宅ローンを借りるのは難しいでしょう。リ・バース60なら、月々の返済負担を抑えながら、住替えができます。

- **住宅ローンの借換え**

  高齢になってから住宅ローンの残債がある場合、安定した収入がないと月々の返済が苦しくなります。予定通り返済ができなければ、最悪の場合は自宅を手放すことになりかねません。しかし、リ・バース60を利用すれば、住宅ローンを借り換え、返済負担を軽減させることができます。

停留所 **2**

「親世代から受け継ぐ資産・不動産」について 考えてみました

◆「少若多老」時代の資産の受取り方

「2025年問題」というワードを目にする機会が増えています。これは、2025年に日本の人口構成で最も厚みを持つ「団塊の世代」（約800万人）全員が75歳以上に到達し「後期高齢者」となることによって、社会に現れてくる様々なインパクトのことを指します。

団塊の世代全員が75歳以上となることで、総人口（約１億2,500万人）のうち、後期高齢者人口は約2,200万人に達することから、「国民の５人に１人は後期高齢者」の時代になると予測されています。

一方、若い世代に目を向けると、1990年の出生率「1.57ショック」により、厳しい少子化の現状が認識されるようになったものの、最初の総合的な少子化対策「エンゼルプラン」がまとめられたのは1994年、少子化社会対策基本法が制定されたのは2003年でした。1970年代から整備された高齢者向け社会保障制度と比較すると、少子化対策は今後の改善に期待せざるをえない状況です。

こういった「少若多老」の時代における「資産の受取り方」について、データをもとに考えてみます。

相続というと縁遠いと感じるかもしれませんが、もう「誰しもが一生に１度、もしくは２度以上経験する身近な問題」になってきています。2025年問題の１つは、この「大相続」であり、これから10〜20年内に高齢者が保有する金融資産や不動産が、子世代以降に引き継がれていきます。

2022年に実施したミライ研の１万人アンケート調査（対象年齢20〜69歳）では、資産を受け取る側の実態を調査しました（【図表❷－１】）。

１万1,197人からの回答のうち、「生前贈与を受けたことがある」「相続を受

Chapter

6

不
動
産
は
資
産
で
あ
る
。
が
、
資
産
で
は
な
い
？

図表❷-1　相続や贈与を受けた経験の有無（複数回答可）

(%)

	回答者数	生前贈与を受けたことがある	相続を受けたことがある	生前贈与、相続のどちらも受けたことがない	答えたくない
全年代	11,197	7.1	15.8	58.6	20.5
20-29歳	1,910	4.2	6.7	68.4	21.8
30-39歳	1,982	5.8	5.9	66.8	22.3
40-49歳	2,593	6.4	8.0	65.2	21.3
50-59歳	2,482	8.5	19.9	53.4	21.0
60-69歳	2,230	10.0	36.7	41.1	16.5

（出所）　三井住友トラスト・資産のミライ研究所「住まいと資産形成に関する意識と実態調査」（2022年）

けたことがある」を「受贈経験あり」とし、年代ごとに受贈経験比率をみてみると、20代10.9％、30代11.7％、40代14.4％、50代28.4％、60代46.7％と、年齢が上がるに従って受贈経験率が上昇します。特に、40代から50代での比率の増加、50代から60代での大幅な増加が特徴的です。「想像していたとおり」ではありますが、数字としてみることで、「相続・贈与」が身近になってくる年齢の確認ができました。

◆ 資産の受継ぎ方は多様である

　また、「誰から」「どんな資産を（金融資産、不動産など資産種別）」「どれくらい」受け取ったかも調査しました。

　生前贈与を受けたことがある797人に、誰から受贈したかを尋ねた結果が【図表❷－2】で、相続経験がある1,766人に、誰から相続したかを尋ねた結果が【図表❷－3】です。

　生前贈与では、20代は実祖父母からの受贈率が高く、30代以降になると実父

133

図表❷-2　誰から贈与を受けたか（複数回答可）

(%)

	回答者数	実祖父母	義祖父母 (配偶者の 祖父母)	実父母	義父母 (配偶者の 父母)	兄弟・ 姉妹	義兄弟・ 姉妹 (配偶者の 兄弟・姉妹)	配偶者
全年代	797	26.1	5.8	63.7	12.6	0.5	0.5	1.6
20-29歳	81	64.0	9.7	38.0	2.0	2.2	0.5	5.5
30-39歳	115	40.1	12.3	52.6	8.1	1.0	2.3	0.3
40-49歳	167	23.0	8.5	67.9	7.8	0.5	0.4	0.4
50-59歳	212	20.4	3.5	66.2	16.1	0.0	0.0	1.1
60-69歳	222	12.6	1.0	73.4	19.1	0.2	0.1	2.5

（出所）　三井住友トラスト・資産のミライ研究所「住まいと資産形成に関する意識と実態調査」（2022年）

図表❷-3　誰から相続を受けたか（複数回答可）

(%)

	回答者数	実祖父母	義祖父母 (配偶者の 祖父母)	実父母	義父母 (配偶者の 父母)	兄弟・ 姉妹	義兄弟・ 姉妹 (配偶者の 兄弟・姉妹)	配偶者
全年代	1,766	16.9	3.6	70.9	10.6	2.1	0.7	3.3
20-29歳	128	41.1	12.1	32.7	7.6	1.8	2.6	5.6
30-39歳	117	42.4	6.5	44.4	7.4	1.0	0.5	4.3
40-49歳	208	17.7	4.1	73.4	5.7	2.6	1.5	1.6
50-59歳	494	15.8	3.5	75.8	8.9	1.3	0.1	2.5
60-69歳	819	10.0	1.8	77.2	13.8	2.6	0.6	3.8

（出所）　三井住友トラスト・資産のミライ研究所「住まいと資産形成に関する意識と実態調査」（2022年）

母からの受贈率が高まります。

　相続では、20代・30代は実祖父母・実父母から相続する比率が高く、40代以降は実父母から相続する比率が７割以上を占めていることが確認できます。

図表 ❷-4　相続を受けた資産額

(%)　（万円）

	回答者数	〜50万円未満	50万円以上〜100万円未満	100万円以上〜500万円未満	500万円以上〜1000万円未満	1000万円以上〜2500万円未満	2500万円以上〜5000万円未満	5000万円以上〜1億円未満	1億円以上〜5億円未満	5億円以上	わからない、答えたくない	平均値
全年代	1,766	4.0	4.7	15.1	12.8	14.0	6.5	2.9	1.7	0.2	38.2	2,345.9
20-29歳	128	8.3	11.6	12.8	32.2	8.0	1.2	0.1	0.6	0.0	25.2	906.0
30-39歳	117	15.0	3.2	22.0	12.9	3.6	5.1	2.3	0.5	2.0	33.4	2,628.0
40-49歳	208	4.6	11.1	20.3	12.1	6.1	5.3	2.4	1.1	0.2	36.9	1,676.7
50-59歳	494	4.8	2.4	15.9	8.2	15.5	6.1	2.7	2.8	0.0	41.6	2,849.8
60-69歳	819	1.1	3.5	12.7	12.7	17.5	8.1	3.7	1.5	0.0	39.1	2,462.8

（出所）　三井住友トラスト・資産のミライ研究所「住まいと資産形成に関する意識と実態
　　　　調査」（2022年）

ここで「相続」に焦点を当て、相続時の「資産規模」「資産形態（金融資産、
不動産など資産種別）」についての調査結果を確認してみます。

◆ 相続資産額の平均は2,346万円

　調査において、相続を受けたことがある1,766人に「相続した資産の規模」
について尋ねた結果が【図表❷−4】です。

　相続資産額の平均は全体で2,346万円で、年代別の平均値をみていくと、「相
続資産額　1億円以上」の金額区分の比率が多いか少ないかなどの要因によ
り、平均額に差が生じているようです。また、各年代の回答者数と高額な相続
資産の有無も影響していると考えられます。

　一方で、日本において遺産を相続する場合、遺言の利用割合はまだまだ少な
く「10人に1人程度」といわれています。結果として法定相続が多くなります
が、法定相続では、年が若くとも「1人の相続人」として資産を受け継ぎま
す。これが若年での相続平均額が相応の金額となっている背景と考えられます。

Chapter

6

不動産は資産である。が、資産ではない？

◆ 相続資産の形態は「現預金」と「不動産」が主流

　相続人が「どんな資産を（金融資産、不動産など資産種別）受け取ったか」についても気になるところです。【図表❷−5】で確認してみましょう。

　相続した資産に「現預金」があった比率が全体の約7割、「不動産（住宅・土地など）」などが含まれていた比率が約4割という結果になっています。

　年代別でみると、40代以降は全体と似ていて、現預金が約6〜7割、不動産（住宅・土地）が3〜4割となっています。20代・30代では、現預金は6〜7割で全体平均とほぼ同じですが、不動産（住居・土地）の比率は全体平均よりも低くなっています。

　「誰から相続したか」の調査結果（【図表❷−3】）で「20代・30代では実祖父母・実父母からの割合が高く、40代以降では実父母からの割合が7割以上」だったことを考えると、実祖父母からの相続資産種別は「現預金」のケースが多く、実父母から相続する場合には「現預金」とともに「不動産」も受け継ぐケースが多いのではないかと考えられます。

図表❷-5　相続を受けた資産（複数回答可）

(%)

	回答者数	現預金	株式	債券 (国債など)	投資信託	不動産 (住居)	不動産 (土地)
全年代	1,766	70.4	16.2	5.0	6.4	35.5	40.5
20-29歳	128	67.1	27.2	10.6	10.5	18.9	9.9
30-39歳	117	61.9	18.8	6.4	6.7	19.4	18.8
40-49歳	208	65.0	14.7	9.6	6.0	34.4	32.7
50-59歳	494	68.8	15.0	5.8	6.0	36.9	43.6
60-69歳	819	74.5	15.3	2.3	6.1	40.0	48.5

（出所）　三井住友トラスト・資産のミライ研究所「住まいと資産形成に関する意識と実態調査」（2022年）

◆ 受け継いだ資産を「自分のライフプラン・マネープラン」のなかでとらえて
　みる

　「少若多老」の時代において、若年層は兄弟姉妹の数が少なく、一人っ子の
ケースも多いと思われます。若年層は今後、職務のジョブ化や労働の流動化、
副業兼業化が進むなかで、「同じ企業・組織に生涯所属し続け、そのなかで、右
肩上がりの収入を得ていく」、いわゆる「昭和モデル」の働き方とは違う「新し
い働き方」を築いていくことと思います。

　また、世代間の資産の承継という面では、「大相続時代」によって、これまで
であれば「贈与や相続によって受け継ぐ資産はそこそこ」というイメージだっ
たとしても、「資産を渡す層（例えば団塊の世代など）」の人口は多く、「資産を
受け継ぐ層（例えばＺ世代など）」の人口が少ないとすれば、上の世代から相続
などにより「まとまった資産」がもたらされるケースも増加すると考えられま
す。

　仮に【図表❷－４】にある「相続資産額の平均2,346万円」の資産を相続し
たとしましょう。「老後資金2,000万円問題」の金額よりも多いので、少し老後
不安は和らぐように思いますが、相続の発生によって「父母の老後生活の後
見」も引き受けることとなったり、不動産の相続があれば、その管理や建替え
などにかかる支出も受け継ぐことになったりするかもしれません。「相続」や
「贈与」は資産だけを受け継ぐイベントではなく、家族や親族の関わりのなかで
「役割や責任」も受け継ぐイベントではないでしょうか。

　上の世代から受け継いだ資産を自分自身のライフプランやマネープランのな
かで、どう位置付け、管理していくのか、また、それを自身の老後資金やライ
フイベントにどう活用していくのか。相続や贈与で資産を受け継いだ際には
「ライフプランやマネープランの策定（もしくは見直し）」を行うことが、今
後、一層大切になってくると考えています。

再確認したい、
「人生設計」における
「住まい選び」の重要性

1 「住まい選び」がライフプランに及ぼす影響を考える

▶ 生涯の収入・支出を考えるときに鍵^{キー}となる数字とは？

　ライフプランを立てる際に、いろいろな数字を確認したり想定したりしますが、最も鍵となる数字は何でしょうか？　それは「自分の寿命」ではないでしょうか。

　日本は世界に冠たる長寿大国になりました。日本の平均寿命をみてみると、2022年時点で、男性81.05歳、女性は87.09歳となっており、今後も延びていくと推計されています。

　一方で、みなさんの周囲で亡くなられた人の年齢を拾い上げていくと、ともすれば「平均寿命より長生きされた方」が多いかもしれません。なぜでしょう？

　平均寿命は、若くして亡くなった人も含めての「平均」ですので、生活のなかでは少し短く感じることがあるのではないかと思います。そこで、最近はライフプランにおいて「死亡年齢最頻値」という数字を「プランにおける寿命」として使うケースが増えてきました。

　「死亡年齢最頻値」は、厚生労働省の「簡易生命表」というデータにおいて「最も死亡者数が多かった年齢」のことです。日本において1年の間に死亡された方を年齢別に集計して最も数が多かった年齢ということですが、それは足元で男性88歳、女性93歳となっています。平均寿命よりも4〜6年程度、高齢になっており、こちらのほうが生活のなかでの実感に「近い」のではないかと思います。

▶ 生涯の収入・支出を算出してみると？

　鍵となる数字を確認したところで、次に、「一生のうちに使えるお金と必要となるお金（生涯収入と生涯支出）」がいくらなのかを試算してみたいと思

います。

　試算は、次のような前提を置いて考えてみます。

- ・大学卒業後、22歳で就職
- ・初婚年齢の男女平均である30歳で結婚（夫婦は便宜上、同じ年齢とする）
- ・64歳まで勤務
- ・65歳からは無職世帯となり、日本の死亡年齢最頻値である夫88歳、妻93歳まで存命

　この前提をみて、「自分にはまったく当てはまらない」と思われた方もいると思いますが、それもアリだと思います。一人ひとりの「自分だけのライフプラン」があるはずで、それベースとして「お金の計画（マネープラン）」はつくられていきます。「違っていて当然」と思って、みていただければと思います。

　【図表7−1】は、総務省の家計調査のデータから、各年代における平均的な「収入と支出」額をつなぎ合わせてみたものです。

　この試算では、平均的な生涯収入額は約3.8億円、平均的な生涯支出額は約2.9億円となりました。収支差だけをみると「8,500万円のプラス」ですが、以下の点を考慮する必要があります。

【収　入】

- ・現役時代は、どのような働き方をするかによって収入額が変化します。それだけではなく、退職後に受け取る年金水準についても、現役時代のライフスタイルや平均収入、働き方によって受け取れる額に違いが生じてきます。
- ・30〜64歳の試算に用いている「2人以上の勤労者世帯」のデータにおいては、世帯のなかの有業人員（＊）は、全世代平均で1.79人でした。

家計における生涯収入と生涯支出の試算額

（万円）

	20歳代	30歳代	40歳代	50歳代	60歳代	70歳代	80歳代	90歳代	合計
実収入 （月額）	34.8	59.5	66.1	69.6	39.4	25.0	23.1	13.5	−
実収入 （年額）	417.1	714.3	793.3	835.4	473.0	300.5	276.9	161.9	−
各世代の 収入小計	3,337	7,143	7,937	8,354	4,730	3,005	2,654	648	37,808
実支出 （月額）	21.8	37.1	45.3	50.9	36.6	27.5	23.6	15.5	−
実支出 （年額）	262.1	445.1	543.9	610.4	439.0	329.7	283.4	186.6	−
各世代での 支出小計	2,097	4,451	5,439	6,104	4,390	3,297	2,737	746	29,261

（出所）　総務省統計局「家計調査2022年（令和4年）」―22歳～29歳：単身・勤労世帯、
30歳～64歳：2人以上の勤労者世帯、65歳～88歳：2人以上の無職世帯、89歳～93
歳：単身の無職世帯―より三井住友トラスト・資産のミライ研究所が作成

世帯のなかで何人働くか、どのような就労形態なのかによっても違いが
生じてきます。

（＊）　世帯員のうち勤め先のあるもの、自営業主、家族従業者、内職従事者などの人数。

【支 出】

・【図表7－1】は、あくまで「月々の平均支出額」を合計したものなの
で、例えば、住宅購入時の頭金や諸費用、リフォーム費用、教育費用、
車の購入費用、旅行費用など、一時的に平均支出額を超えてしまう費用
については、十分に織り込めていないことから、これらを実際にはアド
オンしてくる費用として見込む必要があります。

・今後、インフレ（物価の上昇）が生じてくるならば、今後の生活費は現
時点の試算よりも大きくなるものと想定されます。

【収支の差分】

・金融広報中央委員会が実施している「家計の金融行動に関する世論調査
[二人以上世帯調査]」の2022年調査をみてみると、世帯で保有してい
る金融資産の平均は、50歳代で1,253万円、60歳代で1,819万円とい
う結果となっています。収入面、支出面、収支の差分に関して「自分ご
と」として検討する際には、こういったデータも参考情報としつつ、
【図表7−1】の試算結果を保守的に（割り引いて）考えるべきと思い
ます。

　こう考えてみますと、一般的な家庭の生涯収入や生涯支出の規模は"億円
単位"になっています。「総額」でまとめてみると、やはり大きなお金です
ので、これを、どのように使うのか、「請求されたから支払います」という
スタンスではなく、「自分自身の幸福感や充実感」（これを最近ではウェルビー
イング〈Well-being良い状態〉と呼ぶことが多くなってきました）につながる
「お金との付き合い方」を見つけることが、とても重要になってきています。

▶ ケーキを食べて、しかも、そのケーキを持っていることはできない
　先だって、休日に海外ドラマを観ていましたら、登場人物のセリフのなか
にこんなフレーズがありました。
　"You can't have your cake and eat it too."
　「あれもこれも同時にできないってば！」くらいの意味でしたが、辞典を
みてみますと、直訳では「ケーキを食べて、しかも、そのケーキを持ってい
ることはできない」。ケーキを持つことと、食べることは同時にできないと
いう意味合いから、「どちらかを選ばないといけない」場合に使う慣用句だ
そうです。ついでに、使用例文をみておりましたら、こういう例文が出てき
ました。
　"You keep saying you want to live in a big house, but the rent

isn't going to be cheap. You can't have your cake and eat it too."

「でかい家に住みたいというけど、それなら家賃は安くないよ。どちらか を選ばないといけないってことだよ」

この例文に目が吸い寄せられました。

▶ 生涯収入（インカムキャッシュフロー）の「振り分け」が大事

ミライ研で試算した一般的な家計の平均的な生涯収入は約3.8億円でした。これは、世帯における

① 勤労所得（働いて得るお金）

② 年　　金（国から支給される公的年金）

③ 資産所得（家計の資産から得られる金利、配当、不動産収入など）

を合計したものになります。宝くじの１等が当たったとか、親御さん世代からトンデモナイ額の遺産を相続したなど、思いもよらぬ幸運が舞い込んでくるケースを除けば、おおよそ「生涯収入」が「人生における財布の大きさ」を表すものとなるでしょう。そう考えると、家計のライフプランを考えていくステップは、結構シンプルになってきます。

基本ルールを "You can't have your cake and eat it too." とすればよいからです。どういうことでしょうか。

よく大きな支出を伴うライフイベントを「人生の３大資金」などと呼んでいます（【図表７−２】）。2000年以降の「デフレ（物価停滞）の20年」の間も、これらの費用は上昇してきました。そのなかでもとりわけ大きく上昇したのが「住まいに関する費用」でした。しかし、住まい以外のイベントにかかる費用が小さくなったわけではありません。住まい以外の費用の規模も相当大きなものです。老後生活費用を例にとると、夫婦２人世帯の定年後の生活資金総額の目安は約1.3億円と試算されています。

人の一生においてたくさんのライフイベントが発生しますが、ライフイベントの数が増えるからといって「人生の財布」が大きくなるわけではありま

図表
7-2　**大きな支出が想定されるライフイベント例**

人生の大きなイベント

住宅購入費用

土地付注文住宅の場合
　　　約**4,456**万円

建売住宅の場合
　　　約**3,605**万円

マンションの場合
　　　約**4,529**万円

教育関連費用

●幼稚園～高等学校
すべて公立の場合　　約**544**万円
すべて私立の場合　約**1,840**万円

●大学
国立の場合　　　　約**742**万円
私立(文系)の場合　約**883**万円

老後生活費用

ゆとりある老後の生活費
　　　約**37.9**万円(月額)

定年後の
生活資金総額の目安
　　　約**1億3,885**万円
　　　　　　　(夫婦2人)

（注）　住宅購入費用：住宅金融支援機構「2021年度フラット35利用者調査」
　　　　教育関連費用：文部科学省「令和3年度子供の学習費調査」「令和3年度私立大学
　　　　　　　　　　　入学者に係る初年度学生納付金平均額（定員1人当たり）の調査結
　　　　　　　　　　　果について」「国公私立大学の授業料等の推移」、日本政策金融公庫
　　　　　　　　　　　「教育費負担の実態調査結果」（令和3年度）、（独）日本学生支援機
　　　　　　　　　　　構「令和3年度学生生活調査結果」をもとに当社試算。大学は下宿・
　　　　　　　　　　　アパート等に居住の場合で、内訳は、入学金、授業料、施設設備費、
　　　　　　　　　　　生活費、自宅外通学を始めるための費用。
　　　　　　老後生活費用：厚生労働省「令和4年簡易生命表」、（公財）生命保険文化センター
　　　　　　　　　　　「2022（令和4）年度　生活保障に関する調査」夫60歳、妻55歳時点
　　　　　　　　　　　の平均余命。なお、妻1人期間の生活費用は2人の生活費×70%に
　　　　　　　　　　　て計算。
（出所）　注記のデータに基づいて三井住友トラスト・資産のミライ研究所が作成

せん。ライフイベントの数にかかわらず、

　「人生の財布の中身」＝「勤労所得」＋「公的年金」＋「資産所得」

です。

　ここで、基本ルールである "You can't have your cake and eat it

too.”（どちらかを選ばなければいけない）が登場します。

　例えば、生涯収入を3.8億円と置いて、住宅ローンを用いつつ0.5億円で自宅購入する場合で考えてみます。「人生の財布の中身」は決まっていますので、そのうち「自宅購入」に0.5億円を振り分けると、それ以外のイベントである「子どもの教育費用」「介護費用」「老後生活費用」などに振り分けられる金額が決まってきます（【図表7－3】）。

　「自宅購入」に0.5億円を振り分けると、それ以外のイベントである「子どもの教育費用」「介護費用」「老後生活費用」などに振り分けられる金額は3.3億円になります。

　「自宅購入」に1.0億円を振り分けた場合、それ以外のイベントへ振り分けられる金額は2.8億円に減少します。

　「そんなの、当たり前じゃないですか」と感じられたと思いますが、これが「生涯収入（インカムキャッシュフロー）の振り分け」ということであり、「はじめに」でも述べた「住まいの取得」「ローン」「老後資金準備」をひとつながりのマネープランとして考える」ということにほかなりません。

　足元、住宅価格が高騰し10年前に比べて家計のなかで住居費の占める割合が大きくなってきています。加えて、資源価格の高騰や人件費の上昇などから、今後もそうそう簡単には住宅価格は下がらないと思われます。一方で、「住宅価格の上昇」とみなさんの「人生の財布の中身」との間に相関性があるとは限りません。「住まいは住まい」「財布は財布」です。

　こう考えてみると、住まいに対する夢や希望も大切ですが、それが図らずも実現できたのは、この平成と令和の初期までの日本が「金利のない世界」であり、「住宅ローン減税のある世界」であったからです。

　今後、「金利がある世界」に突入し、「住宅ローン減税の影が薄くなる世界」へと移行し、「インフレが目の前に迫る世界」が訪れたときに、今までのような「住まいは住まい」「老後は老後」「財布は財布」という考え方で「我が家のライフプラン・マネープラン」が上手に回っていく保証はないよ

生涯収入を3.8億円として、各ライフイベントに振り分けるイメージ

① 自宅を0.5億円で購入するケース

生涯収入を3.8億円として、
各ライフイベントに振り分けるイメージ

生涯収入 3.8億円

自宅購入	その他イベントへの振り分け分
0.5億円	3.8億円 − 自宅0.5億円 = 3.3億円

ライフタイム➡

② 自宅を1.0億円で購入するケース

生涯収入を3.8億円として、
各ライフイベントに振り分けるイメージ

生涯収入 3.8億円

自宅購入	その他イベントへの振り分け分
1.0億円	3.8億円 − 自宅1.0億円 = 2.8億円

ライフタイム➡

（出所）　三井住友トラスト・資産のミライ研究所作成

うに思います。

　"You can't have your cake and eat it too."（どちらかを選ばなければいけない）

　この慣用句は「金利がある世界」となる令和の日本において、極めて今日的な意味合いを帯びていると思います。

2　令和の「住まい、ローン、そして資産形成」への取組み方とは？

▶「ファイナンシャル・ウェルビーイング」と「コントロール」との関係は？

　この本のゴールを「人生の設計をより豊かなものにするための『お金との向き合い方』に関するヒントの提供」と置き、そのヒントをきっかけとして読者が「お金に関する良い状態（ファイナンシャル・ウェルビーイング）」に近づいていくことを願いつつ本章まで進んできました。「これは参考になる」というヒントがありましたでしょうか。

　ミライ研はヒントの1つとして「コントロールすること」があげられるのではないかと考えています。

　ものごとには、コントロールができることと、できないこととがあるようです。これを分けて考えることが大切です。なぜなら、「コントロールができないこと」にとらわれていると、「行動」へ向けた動き出しに想定以上の時間を要してしまうかもしれないからです。今できることは何か、今からできることは何かを考え、行動に移していくのがポイントになりそうです。

　すでに過去に起きたこと、行動してきたこと、行動してこなかったことなど、すでに確定した結果を遡って変更することはできません。しかし、「将来（ミライ）」のことはどうでしょうか。

　ミライのことは誰にもわからないし、思うようにならないこともあるものですが、やみくもにミライを恐れる必要もなさそうです。ミライに向けての不安が大きくなった際には、紙に書き出してみるなどして不安なことを「見える化」し、「コントロールできることか、そうでないか」「現在の自分にできること」は何か、を点検することが大切です。

　とりわけミライに関する不安は、金銭と密接な関係にあると思われます。「収入を増やす」ために「労働量を増やす」だけが、「たった1つのやり方」でもなさそうです。例えば、収入の7〜8割で生活し、残りを投資するこ

とで「自分だけが働く」のではなく「お金にも働いてもらう」こと、そして、生活のなかで「請求されたから払い続けてきた」「あまり気に留めずに支払ってきた」ような、いわゆる「冗費」をなくすことなど、今できることに取り組むことでミライへの不安を小さくしていくことができそうです。

▶「生涯収入」をコントロールできるのは「自分」だけ

　前節で「生涯収入」について考えてみました。具体的には、「生涯収入」を自分の家計のライフイベントへ適切に「振り分ける」ことでした。ここから、「生涯収入のコントロール」がポイントになることが理解できると思います。これが金利のある世界におけるライフプラニングのベースになると思われます。

　生涯収入は次の式で求められました。

　　生涯収入　＝　① 勤労所得　＋　② 年金　＋　③ 資産所得

　③の資産所得、すなわち「家計における資産」は、次の要素で形づくられていると考えます。

　　家計の資産　＝　Ⓐ 金融資産　＋　Ⓑ 不動産　＋　Ⓒ その他の資産

　これらの資産について「家計の収入」にプラスとなる資産はどれでしょうか。

　Ⓐの金融資産は、現金や預貯金、株式、債券、投資信託などの有価証券類なので、預貯金の金利や株式からの配当、債券の利払いなどに加え、有価証券類が値上がりした際に売却すれば、その売却益が生涯収入に対して「プラス」の効果となります。金融資産は「お金自身も働いてくれて、生涯収入を多くしてくれる資産だ」といえます。

⑧の家計の不動産ですが、この大半が「自宅（建物・土地）」だとすると、どうでしょうか。自宅は、「住宅」として「他人に賃貸」すれば、そのスペックに応じた「賃料収入」が入ってきます。しかし、「自宅」として使用している限り、住んでいる家族で「賃料収入を費消している」ともいえます。つまり、自宅は「他人に売却」もしくは「他人に賃貸」したときに、初めて生涯収入にプラス寄与するので、「住んでいる間は生涯収入にプラス効果がない資産」なのかもしれません。

　「生涯収入」のコントロールは、ライフイベントへ振り分けることだけではありません。生涯収入を「引き上げる」こともコントロールの1つと考えられます。

　上記の⑧⑧のように整理すると、家計の資産のうち、「自宅不動産」の比率が大きくなりすぎると、住宅購入や住宅ローン返済などに「生涯収入」の多くの部分が取られてしまい、家計の金融資産の蓄積と投資に回す余力が奪われる構図になってしまいそうです。そうなると、生涯収入へのプラス寄与の少ない「自宅不動産」を多く持ちすぎることは、生涯収入を引き上げるうえで妨げになってしまうかもしれません。

▶「生涯収入」を増やすための資産形成とは？

　では、生涯収入を増やすためには、どういう取組みをすればよいのでしょうか。

　生涯収入の振り分けのイメージは資産形成にも活用できます。例えば、「生涯収入の5％程度」をNISAの積立てへ振り分けるとしましょう。

　生涯収入約3.8億円の5％は約1,900万円になるので、NISAの非課税投資枠である1,800万円の上限まで活用できそうです。そう考えれば、18歳で成年に到達した方々が自分で収入を得るようになったら、月収の「5％以上」を目安にしてNISAの「つみたて投資枠」で積立投資を始めてみるとどうでしょうか。NISAを開始したら、1年ごとに投資状況を確認し、その

151

際にNISAで運用しているお金の使い途も一緒に考えてみると、ライフプランのやり方が少しずつ身に付いていくとともに「資産形成」も進んでいくと思われます。

　また、NISAは若い世代の利用だけを想定しているわけではありません。2024年１月からNISAの投資可能期間と非課税期間が無期限化かつ恒久化されています。人生100年時代は「資産形成できる時間も長くなる時代」だと解釈すれば、NISAは「誰でも、いつからでも、いつまでも」活用できる制度になったといえます。まさに「人生の資産形成のパートナー（伴走者）」という役割を担った制度ですので、われわれの「生涯収入の引き上げ」にも大きなサポート役になってくれることでしょう。

あとがき

　本書は、多くの方々にご支援をいただき刊行することができました。

　お手にとっていただき、お読みいただいたみなさまに、心より感謝申し上げます。住まいについてご関心をお持ちの方々にとって、本書が、ローンリテラシーについての理解を少しでも進めていただくきっかけとなりましたら、誠に幸いです。

　また、本書の企画・刊行にあたりましては、三井住友信託銀行において、取引先企業の従業員への資産形成サービスを提供しているライフアドバイザリー部、個人のお客様に対する相談・コンサルティングの推進に取り組んでいる個人企画部やローン業務推進部、人生100年時代のコンサルティングと事業横断的なソリューションを提供している人生100年応援部、その他、多くの関係者の方々のご協力をいただきました。ここに改めて御礼を申し上げます。

　なお、本書の刊行に際し、編集業務にあたっていただいた一般社団法人金融財政事情研究会の花岡博出版部長、本書刊行のきっかけとなったKINZAI Financial Plan誌での連載を担当いただいた西塚剛編集長、一般社団法人金融財政事情研究会OB（元理事・事務局長）の河野晃史さんには大変お世話になりました。

　この場をお借りしまして御礼申し上げます。

2024年6月

三井住友トラスト・資産のミライ研究所

所長　　丸岡　知夫

153

著者紹介

〈著者〉

丸岡　知夫（まるおか　ともお）

　1990年三井住友信託銀行入社。1997年年金信託部業務推進室で国内の年金受託業務を推進。2002年東京法人信託営業部。2005年本店法人信託営業部。2009年確定拠出年金業務部にてDC投資教育、継続教育のコンテンツ作成、顧客提供、セミナー運営に従事。2014年社内横断プロジェクト「福利厚生ソリューションビジネスプロジェクトチーム」に専任者として従事。2016年ライフアドバイザリー部（取引先法人の従業員向け福利厚生制度を提供する部署）次長。2019年三井住友トラスト・資産のミライ研究所所長に就任（現職）。

【主な著作】

　三井住友トラスト・資産のミライ研究所「住まいと資産形成に関する意識と実態調査」（2020年）「数字が教えてくれる"住まい"と"資産形成"」（月刊KINZAI Financial Plan 2020年7月号より定期連載中）、『安心ミライへの「資産形成」ガイドブックQ&A』（金融財政事情研究会、2020年）、『「最高の終活」実践ガイドブックQ&A』（金融財政事情研究会、2023年）、『安心ミライへの「金融教育」ガイドブックQ&A』（金融財政事情研究会、2023年）。

〈執筆協力者〉

杉浦　章友（すぎうら　あきとも）

　2010年三井住友信託銀行入社、年金信託部などで企業年金の数理計算・制度設計に従事。2020年厚生労働省へ出向、年金関係の業務や統計レポート作成に従事。2022年出向解除、三井住友トラスト・資産のミライ研究所主任研究員（現職）。公的年金等の情報を発信。年金数理人、日本アクチュアリー会正会員、日本証券アナリスト協会　認定アナリスト、1級DCプランナー（企業年金総合プランナー）。

【主な著作】

　『安心ミライへの「金融教育」ガイドブックQ&A』（金融財政事情研究会、2023年）、「公的年金制度の法改正の展望」（三井住友トラストペンションジャーナル No.12、2023年）、「公的年金制度の法改正の展望（続）」（三井住友トラストペンションジャーナル No.13、2024年）。

清永　遼太郎（きよなが　りょうたろう）

2012年三井住友信託銀行入社、千葉支店勤務。2015年確定拠出年金業務部で企業のDC制度導入サポートや投資教育の企画業務等を担当、2019年大阪本店年金営業第二部で企業年金の資産運用・制度運営サポートに従事。2021年三井住友トラスト・資産のミライ研究所　研究員（現職）。資産形成・資産活用に関する調査研究及び情報発信並びに企業の従業員等に対する金融リテラシーセミナー講師も務める。公益財団法人 年金シニアプラン総合研究機構 老後資産形成に関する継続研究会委員（2022～23年度）。ウェルビーイング学会ファイナンシャル・ウェルビーイング分科会メンバー。

【主な著作】

『「最高の終活」実践ガイドブックQ&A』（金融財政事情研究会、2023年）、『安心ミライへの「金融教育」ガイドブックQ&A』（金融財政事情研究会、2023年）。

矢野　礼菜（やの　あやな）

2014年三井住友信託銀行入社、堺支店、八王子支店にて個人顧客の資産運用・資産承継に係るコンサルティング及び個人顧客向けの賃貸用不動産建築、購入に係る資金の融資業務に従事。2021年三井住友トラスト・資産のミライ研究所研究員（現職）。資産形成・資産活用に関する調査研究及び幅広い世代に対してホームページ・雑誌・書籍等を通じた情報発信を行っている。YouTube・ARへの登壇、全国の高等学校等における学生向け金融リテラシー授業の講師も務める。

【主な著作】

『「最高の終活」実践ガイドブックQ&A』（金融財政事情研究会、2023年）、『安心ミライへの「金融教育」ガイドブックQ&A』（金融財政事情研究会、2023年）。

桝本　希（ますもと　のぞみ）

2015年三井住友信託銀行入社、奈良西大寺支店にて個人顧客の資産運用・資産承継に係るコンサルティング業務に従事。2019年IT業務推進部にてマーケット事業で利用するシステムの開発・保守業務を担当。2022年三井住友トラスト・資産のミライ研究所研究員（現職）。資産形成、資産活用に関する調査研究及び幅広い世代に対してホームページやYouTubeを通して情報発信を行っている。

【主な著作】

『安心ミライへの「金融教育」ガイドブックQ&A』（金融財政事情研究会、2023年）。

〈三井住友トラスト・資産のミライ研究所〉

　三井住友トラスト・資産のミライ研究所は、人生100年時代において、一人ひとりが将来を安心して過ごすための資産形成・資産活用のあり方を中立的な立場で調査・研究し発信することを目的として、2019年、三井住友信託銀行に設置された組織です。

　人生100年時代において「人生のマルチステージ化」が進展していくなか、個人のライフステージにおける「良い状態（ウェルビーイング：Well-being）」も多様になってくるとの認識のもと、「お金まわり・家計における良い状態（ファイナンシャル・ウェルビーイング：Financial Well-being）」を「将来のライフイベントを適切に把握し、賢い意思決定によりお金に関する不安を解消させ、未来に向けて自律的に行動できる状態」と定義し、多くの方々のファイナンシャル・ウェルビーイングの実現をサポートするべく、当研究所は、以下の３つを柱として活動しています。

・金融業界におけるユニークな（独自性のある）調査・研究組織としての活動

　資産形成や資産活用に関する不安や悩みについて、アンケート調査などを通じて調査・研究・考察・提言等の活動を展開中。

・人生100年時代の金融リテラシーを提供する金融教育組織としての活動

　「人生100年時代」に向き合っていくうえで役に立つ、お金や資産との付き合い方について、個々人の多様なライフスタイルを踏まえた取組み方を考察し、教育現場のみなさんや、企業・団体の職員、個人の方々へ、授業やセミナー・研修などを通じて、わかりやすく伝える活動。

・ファイナンシャル・ウェルビーイング普及の一翼を担う情報発信組織としての活動

　「お金まわり・家計における良い状態（ファイナンシャル・ウェルビーイング：Financial Well-being）」という考え方の普及・浸透に資する情報発信と啓発活動を幅広く推進。

索　引

「金利がある世界」の
住まい、ローン、そして資産形成
──今までの常識はこれからの非常識？

2024年7月11日　第1刷発行

著　者　丸　岡　知　夫
発行者　加　藤　一　浩

〒160-8519　東京都新宿区南元町19
発　行　所　一般社団法人 金融財政事情研究会
出　版　部　TEL 03(3355)2251　FAX 03(3357)7416
販売受付　TEL 03(3358)2891　FAX 03(3358)0037
URL https://www.kinzai.jp/

DTP・校正：株式会社アイシーエム／印刷：株式会社光邦

ISBN978-4-322-14455-0